初中历史学科能力培养及教学方法研究

胡 涛◎著

图书在版编目（CIP）数据

初中历史学科能力培养及教学方法研究 / 胡涛著. -- 哈尔滨：哈尔滨出版社，2024.6
ISBN 978-7-5484-7900-0

Ⅰ.①初… Ⅱ.①胡… Ⅲ.①中学历史课-教学研究-初中 Ⅳ.①G633.512

中国国家版本馆CIP数据核字(2024)第091155号

书　　名：初中历史学科能力培养及教学方法研究
CHUZHONG LISHI XUEKE NENGLI PEIYANG JI JIAOXUE FANGFA YANJIU

作　　者：胡　涛 著
责任编辑：孙　迪
封面设计：周　婷

出版发行：哈尔滨出版社（Harbin Publishing House）
社　　址：哈尔滨市香坊区泰山路82-9号　　邮编：150090
经　　销：全国新华书店
印　　刷：北京虎彩文化传播有限公司
网　　址：www.hrbcbs.com
E-mail：hrbcbs@yeah.net
编辑版权热线：（0451）87900271　87900272
销售热线：（0451）87900202　87900203

开　　本：787mm×1092mm　1/16　　印张：12.25　　字数：240千字
版　　次：2024年6月第1版
印　　次：2024年6月第1次印刷
书　　号：ISBN 978-7-5484-7900-0
定　　价：68.00元

凡购本社图书发现印装错误，请与本社印制部联系调换。
服务热线：（0451）87900279

前　言

　　学习历史知识可以使学生了解人类历史的发展历程，认识人类文明发展进步的原因和规律，认识历史发展过程中人与人、人与自然及人与社会的关系，培育学生的历史智慧和人文素养，培养学生的历史思维能力和改革创新精神，使学生更好地迎接未来社会生活的挑战，历史教学在素质教育中有着不可替代的作用。但长期以来，初中历史课却不受学生欢迎。究其原因是传统历史教学过分强调知识点的学习，忽略了学习的过程、发现和探究，学生学习纯粹是被动接受、记忆的过程。这种教学模式压抑了他们学习的兴趣和热情，也限制了他们个性的发展，制约了他们思维和智力的发展，学习过程中能使学生终身受益的东西很少。因此，改变这种状况，适应新世纪的课程改革，已成为历史教学的重任。而历史课改的核心就是学习方式的转变：将历史课从学生的接受学习、死记硬背和机械训练变为在教师引导下，学生成为学习历史的主人，进行主动探究式的富有个性的历史学习，在学习过程中，培养学生的创新精神和实践能力，鼓励学生勇于质疑，积极竞争，激发学生学习历史的兴趣。

　　历史教学，既可以使学生掌握历史知识，了解人类的过去；又能促进学生历史学科能力的发展和历史意识的生成，提升学生人文素养和人文精神，使学生学会以全面、客观、辩证、发展的眼光认识人类社会。素质教育背景下的历史教学改革是一个系统工程，涉及教学的很多领域，诸如教学目标、课程设置、教材编写、教学组织、教学方法、教学评估、教师培训等，每个领域都可能制约教学实际的创新。

　　没有问题是谈不上学习和研究的，正是问题才把小碎石样子的东西变成了历史的证据。然而以往历史教学是固定式的，对学生来说，并没有产生真正的探究性问题，或只有肤浅的问题，要不然就是令人头痛的问题，如被动接受、死记硬背、机械重复等。历史教学的真正意义在于使学生发现问题、探讨问题、研究问题、解决问题，而无论哪一学科，哪种教学方法的实施，归根结底都要以激活、调动、启发学生的思维为主。初中历史教育教学更应该促动学生历史思维能力的活跃发展。

本书旨在研究初中历史教学中对于学生学科能力的培养及具体可行的教学方法的实施，章节内容分别包括学生自主学习能力的培养、学生时序思维能力的培养、学生诠释评价能力的培养、学生问题意识能力的培养、学生核心素养能力的培养、初中历史教学方法创新策略、初中历史教学模式创新实践、初中历史学习方法具体指导、初中历史重难点问题的突破、初中历史高效课堂构建方法、初中历史教师专业素养提升。

本书既可用作高等师范院校历史教育专业教材，又可用作中学历史教师教育教学的培训用书，还可作为广大一线初中历史教师的参考读物。

本书在编写过程中参考了一些学者和同行的研究成果，选用了一些教学案例，未能一一注明，在此一并致谢。由于作者水平有限，本书的编写难免有许多不足之处，恳请专家、同行指正。

作　者

2023 年 11 月

目 录

第一章 学生自主学习能力的培养 ... 1
第一节 历史教学中学生自主学习能力培养探析 ... 1
第二节 初中历史教学中学生自主学习能力的培养 ... 3
第三节 讨论教学与历史课堂的有效结合 ... 7
第四节 小组合作形式下历史自主学习能力培养策略 ... 9
第五节 学生自主学习能力的多元化培养方法 ... 11

第二章 学生时序思维能力的培养 ... 14
第一节 教学中融入时间术语建立时序思维 ... 14
第二节 利用时间轴的建构形成历时性思维 ... 17
第三节 有意拓展年表功能培养共时性思维 ... 20

第三章 学生诠释评价能力的培养 ... 24
第一节 通过人物理解人与时代的关系 ... 24
第二节 聚焦历史事件把握历史大势 ... 27
第三节 剖析文明成果洞察历史发展的内在动力 ... 31

第四章 学生问题意识能力的培养 ... 36
第一节 问题意识概述 ... 36
第二节 历史教学中问题意识的培养原则 ... 37
第三节 历史教学中问题意识的培养与实践 ... 39

第五章 学生核心素养能力的培养 ... 50
第一节 人文素养导向的初中历史学科思想与方法 ... 50

  第二节 对教学行为的总结与思考 …………………………………… 54
  第三节 历史教学中如何培养核心素养 …………………………… 55
  第四节 初中历史教学中培养学生的创新能力 …………………… 59
  第五节 历史教学中学生理性思考能力的培养 …………………… 63

第六章 初中历史教学方法创新策略 …………………………………… 68
  第一节 对当前初中历史课堂教学的思考 ……………………… 68
  第二节 历史课堂教学中的导入技巧 ……………………………… 70
  第三节 教学反思与探究性学习 …………………………………… 73
  第四节 学法指导是培养学生能力的有效途径 …………………… 77

第七章 初中历史教学模式创新实践 …………………………………… 80
  第一节 历史微课教学模式 ………………………………………… 80
  第二节 翻转课堂教学模式 ………………………………………… 88
  第三节 云端课堂教学模式 ………………………………………… 96
  第四节 情境复现式教学模式 ……………………………………… 100
  第五节 资料研习式教学模式 ……………………………………… 107
  第六节 社会考察式教学模式 ……………………………………… 108

第八章 初中历史学习方法具体指导 …………………………………… 117
  第一节 增强学习历史的内驱力 …………………………………… 117
  第二节 学习历史的策略 …………………………………………… 119
  第三节 快速记忆历史知识的方法 ………………………………… 127
  第四节 阅读历史地图的基本方法 ………………………………… 133
  第五节 评价历史人物、历史事件的标准与方法 ……………… 136

第九章 初中历史重难点问题的突破 …………………………………… 142
  第一节 历史教学重难点突破方法 ………………………………… 142
  第二节 对初中历史教学重难点的思考与再认识 …………… 150
  第三节 初中历史课堂中巧用史料破重点难点 ……………… 154
  第四节 思维导图在历史重难点问题教学中的应用 ………… 157

第十章 初中历史高效课堂构建方法 …………………………………… 160
  第一节 初中历史高效课堂构建探讨 ……………………………… 160

第二节　立足核心素养，优化初中历史课堂教学 …………………………… 162

第三节　九年级历史高效课堂构建策略探究 ………………………………… 166

第四节　核心素养下初中历史生本课堂的构建 ……………………………… 168

第五节　以创新教学策略构建高效课堂 ……………………………………… 170

第六节　创造性运用教材打造高效课堂 ……………………………………… 172

第十一章　初中历史教师专业素养提升 …………………………………… 176

第一节　新课改下的历史教师 ………………………………………………… 176

第二节　历史教师专业素养提升途径 ………………………………………… 179

参考文献 ………………………………………………………………………… 186

第一章
学生自主学习能力的培养

第一节　历史教学中学生自主学习能力培养探析

教师在教学中有意识地对学生的自主学习能力进行培养，能为历史课堂教学提供相当大的帮助，这不仅体现在学生自身的学习过程中，而且会直接反映在教师的课堂教学实践中，由此推动我国初中历史课堂的教学进步。而且自主学习能力的培养直接关乎课堂教学质量的评价标准，在新的教学环境下，我们更应重视学生自主学习能力的课堂锻炼。

随着新课标的持续推广，越来越多的历史教师在教学中对学生的自主学习能力更加重视，其不仅要求学生能在学习中通过自身能力培养推动自身学习进程，而且希望学生能通过自主学习能力的提高来形成自身的学习素质，从而在学习过程中形成历史学科特有的自主学习意识和学科素养。在初中历史课堂中提高学生自主学习能力能更加明显地作用于历史课堂的改革，可以实现历史课堂教学质量提升和教学设计优化。

一、自主预习

初中阶段历史学习在课堂教学过程中为学生的自主学习提供良好的环境和机遇，因为它可以直接通过历史教师对学生布置的预习作业任务来实现学生的自主学习，而且结合教材和现有的教学辅助工具，就可以对学生完成初步的历史信息搜集，从而让历史课堂的预习作业完成得更加具有效率并能提高学生参与度。因为学生在预习的过程中不仅会仔细地研究教材，而且还会根据教材中的内容，结合自身的思考，借助教辅工具，解决自己的疑难问题，从而通过这一系列的学习过程来直接实现自主学习能力的提高。例如在展开《鸦片战争》这一课时的教学之前，历史教师就可以通过布置关于鸦片战争的预习作业来让学生提前预习相关知识，学生通过资料搜集和观看相关纪录片来完成初步的学习工作，从而在预习阶段学生深刻认识到鸦片战争展开的国内外背景和历史影响。

二、自主讨论

在历史学科的教学课堂中展开课堂讨论，是让学生通过这一模式完成自身学习能力提升的最佳方式之一，因为在讨论的过程中，学生不仅需要充分清楚地表达自我观点，而且还需要根据讨论话题来结合自身的思考，在头脑中构建系统的观点来阐述有关讨论话题的看法，从而借此来锻炼历史思维的逻辑性和观点表达的熟练度。这种讨论形式也是实现学生自主学习能力培养的有效方法手段，在初中历史的课堂中受到历史教师的青睐，因而可以在实际应用中更加具有效果。一般历史课堂的自主讨论都是让学生表达对某一历史事件的具体看法，例如在学习《洋务运动》这一课的相关内容时，教师可以就洋务运动的失败来让学生讨论其中的原因，让学生结合当时的背景、发动阶级及运动过程来讨论可能的原因。

三、小组合作

小组合作学习也是促进学生自主学习能力提升的有效手段，尤其是在初中历史阶段的课堂教学中，应用这一教学方法，更能将提升学生自主学习能力的效果体现得淋漓尽致。首先，因为初中阶段的学生需要一个平台来表现和展示自我，而小组合作学习的方式为学生提供了一个良好的平台来展现能力。其次，小组合作的模式，让学生拥有更多的主导权来参与课堂的构建，因而可以更加充分地激发学生的学习自主性和创造性，助力于历史课堂的向前推进。最后，不依赖于教师的全面引导，给予学生更加自由的空间和环境来锻炼自身的自主学习能力，这也是小组合作学习模式的显著优势之一。比如，学习《唐朝的中外文化交流》这一课时，历史教师就可以让学生结合这一课的内容来进行小组展示，将学生划分为不同的小组分别搜集一些关于唐朝各个方面的资料，然后在课堂中进行集中展示，从而在这一过程中鼓励学生进行自主的合作学习。

四、作业反思

在历史教学的过程中，对学生自主学习能力的培养，教师不仅需要在课堂中做出许多的教学努力，而且需要在课后的作业设计方面也涉及这一能力的培养，因为课后的作业练习是对学生学习能力最好的巩固方式，从而能将课堂学习过程中所掌握的知识进行夯实，而且作业的反思也能实现对学生自主学习能力的有效培育，让学生通过反思自己的作业完成情况来实现对自身课堂内容掌握程度的判断，从而能在课后进行更加全面的查漏补缺，这就可以让学生更好地实现在自主学习的过程中把握好学习的进度。

综上所述，在初中历史课堂教学过程中，由教师带领学生培养学生自身的学习能力，不仅是新课程标准下的具体要求，而且也是为了让学生养成终身学习习惯的有效方式，而且具备良好的自主学习能力之后学生更能适应这个社会的需要，朝着满足社会需求的方向发展。除此之外，对学生自主学习能力的有意培育，也是实现初中历史课堂转型升级的必然要求，所以需要历史教师付出更多的努力。

第二节　初中历史教学中学生自主学习能力的培养

自主学习能力是核心素养的重要组成部分。积极引导学生自主学习，能促进学生核心素养的提升，促使学生全面发展。在初中历史课堂中注重对学生自主学习能力的培养，可以让学生更好地理解历史文化，能提升学生的人文素养，使学习变得更加高效。初中是学生从青涩走向成熟的重要过渡阶段，是学生从被动学习到主动学习的重要阶段。在此期间，积极培养学生的自主学习能力和思考能力，能促使学生从依赖走向独立，从懵懂走向成熟。所以，初中历史教师借助历史教学的特性来培养学生的自主学习能力，让学生拥有极强的自律和自控能力显得尤为重要，这样学生在学习历史时，才会主动探究历史关联，会理解性记忆而不是死记硬背。

在初中历史教学中教师要认识到对学生自主学习能力培养的重要性，不仅仅进行知识的传授，还要强化学生更加积极主动地参与到知识学习中，以此更好地提升教学效果。本书重点阐述在初中历史教学中如何对学生的自主学习能力进行培养，因此发挥历史学科作用，促进学生历史素养的提升。初中历史教学中自主学习能力是非常重要的综合能力，自主学习能力的提升，不仅有利于强化学生的学习成绩，还有利于学生的终身发展。初中阶段是学生由依赖变为独立的一个阶段，这一阶段学生的可塑性非常强，为此，我们要能抓住这个阶段对学生进行自主学习能力的培养。但是我们也要能认识到学生自主能力并不是与生俱来的，而是与个体以外的环境相互交互的作用中逐渐形成发展起来的。为此，在初中历史教学中我们要有针对性地对学生的自主学习能力进行培养，以此更好地促进学生的全面发展。但是我们也要认识到初中历史教学中还存在很多问题，这就需要我们在初中历史教学中在结合教学内容的基础上开展自主学习，更好地提升教学效果。

一、注重质疑，发展自主学习能力

初中历史教学中教材是知识的载体，也是对学生的阅读和思维能力培养的一种重要方式。为此，在初中历史教学中教师要注重引导学生学会质疑，使其在与阅读内容对话的过程中真正地对文本内容进行理解。例如学习"林则徐虎门销烟"的相关知识内容时，学生通过对知识的学习，认识到鸦片是一种毒品，并在历史上给中国人民带来了无穷的灾难，能得出鸦片危害严重，并且强烈禁止鸦片的这样一个结论，而学生在学习过程中会产生一定的疑惑，鸦片为何屡禁不止？这就需要教师通过这样的疑惑来设置问题，引导学生从各个方面来厘清其中的关系，从而让学生得出相应的结论，之所以屡禁不止是因为贿赂官府的存在，而这也是英国商人设计的糖衣，在此基础上，教师让学生进行思考，在禁烟的进程中除了糖衣这种行为，是否还有其他的行动，引导学生来学习英国商人武装的炮弹，然后引导学生进行思考，在这种情况下为什么英国人会如此肆无忌惮，引导学生对当时的情况进行分析，英国商人唯利是图，官吏的腐败，让学生认识到当时清政府的无能和腐败，以及英国侵华的野性。整个的时代背景通过禁烟行为被衬托得淋漓尽致，教师也认识到不愤不启、不悱不发的问题设计能强化学生求知欲望，达到培养学生自主学习能力的目的。

二、结合实际，促进迁移能力培养

初中历史教学中如果学生仅仅是理解了其中的课堂内容是远远不够的，这就要求在教育教学中教师要为学生营造一定的学习氛围，激发学生进行学习的兴趣，从不同的角度对历史问题进行思考分析并解决，从而达到对学生自主学习能力进行培养的目的，例如在学习《戊戌变法》的相关知识内容时，教师可以从谭嗣同的绝命诗着手来让学生理解戊戌变法为什么失败，这个问题引导学生分析当时变法失败的原因，一是没有实权的皇帝，选择投靠本身就是一种错误；二是变法当时没有得到广大人民群众的支持，这种现状也注定变法会失败。然后，引导学生分析为什么当时的戊戌变法没有得到广大人民群众的支持，因为在当时的戊戌变法中并没有解决人民群众最关心的问题，也就是土地问题，也没有满足民族资产阶级所提出的反帝反侵略的奋斗目标，为此，戊戌变法并没有得到农民及资产阶级的支持。再进一步地分析主要原因，戊戌变法属于资产阶级性质，虽然具有一定的革命性，但本身与资产阶级有着很大的联系，革命不彻底，失败是必然的。在这种环环相扣的问题中学生全面地认识戊戌变法失败的原因，进而也能强化其对信息的提取和对问题的解决能力。

三、结合实践，促进自主学习能力的培养

初中历史教学中我们要能认识到自主学习能力，其实也是学生知识获取的一种能力，让学生能将学习到的知识运用到实际，以此更好地提升教育教学效果。为此，在初中历史教学中教师可引导学生参与到实践中，可以通过小组合作的方式来完成简单的历史模型制作，或者是编制历史图表，让学生在参与的过程中充分地体现主体地位，对学生的自主学习能力进行培养。例如在学习《原始农耕生活》相关知识内容时，教师在给学生讲解了有关河姆渡人和半坡人居住的生活特点后，学生可以以角色扮演的方式来制作当时的房屋模型。制作完模型后，教师让学生讲解当时的地理知识、生活特点，最后得出相应的结论，并给学生分析当时的气候特点。在这个过程中学生认真地完成作品，培养了表达能力，激发了学习兴趣，更加积极主动地参与教育教学中，以此培养了自主学习能力。

四、创设良好学习情境，激发学生学习兴趣

良好的学习环境和学习氛围可以有效激发学生对历史学习的兴趣，能为初中历史教学良好开展实施提供基础保障。所以教师在开展历史教学的时候要注重为学生创设良好的学习情境，这样才能让学生对初中历史学习产生浓厚的兴趣。在历史教学中，涉及的知识内容非常多，从上古皇帝时代到如今社会主义时代，跨越了数千年，历经王朝更迭，社会制度也不断发生改变，这都需要学生了解，并着重记忆一些重大的历史人物和事件。同时，在初中历史教学中也不仅仅只有我国历史，还会有国外的历史，这更加重了学生的学习负担。所以，教师若采用一些单一传统的教学方法是不能让学生在短时间内全面理解透彻的。如果教师能改革教育模式，为学生创设情境，让学生产生代入感，就可以强化学生的记忆。如在学习《中华民族的抗日战争》时，因为时代不同，现在学生没有切实经历过，仅靠教师讲述或是让学生看文字，学生都无法真实体会到抗日战争的艰辛与抗战时期人们所受的苦难。所以，教师就可在网络上搜寻一些经典的优秀影视资源，或是让学生观看国家目前现存的珍贵历史影像和文献资料，这样可以加深学生对抗战时期社会背景的了解。之后，教师在讲述这一部分知识时，就可在不同阶段中播放不同的音乐，利用不同的背景音乐为学生营造出一种悲壮的氛围，调动、促使学生的情绪和心态随着教学发生改变，这有利于培养学生的民族精神和社会责任感，让学生产生民族自豪感。

五、实施合作探究模式，促进学生自主研讨

要培养学生的自主学习能力，教师就不能像往常一样开展教学，即将历史知识都详细地阐释清楚，不给学生自主思考学的空间。教师要积极实施合作探究的教学模式，让学生之间能合作学习，共同交流探讨，这样学生才能在与同学的交流中不断反思深究，开阔思维和眼界。如在学习《从国共合作到国共对立》这部分内容时，教师可先讲述大概的内容，之后让学生分组合作寻找资料，找一找国共合作的时间，具体分析国共合作及国共对立的原因，想一想国共两党为什么会存在不可调和的矛盾。不同的学生有不同的想法，看待问题的角度也不同，在与他人合作的过程中，其思想会不断碰撞，这能进一步强化学生的思维和眼界，使学生更加客观、理智、清醒。如此一来，学生合作学习能力和探究能力可以得到提升，历史素养和人文修养也能得到强化。

六、预留感悟空间，提升学生的自学能力

在开展历史教学时，初中历史教师不仅要讲述历史知识，还要教会学生思考的方法，让学生能自主思考。目前不少初中历史教师为了夯实学生的基础，就把教学时间安排得非常满，生怕浪费了课堂教学时间。教师再三强调学生要背诵记忆必考内容，教学内容也是依靠考纲要求进行选择的。在这种情况下，学生缺乏自主感悟的空间，自主学习能力就无法得到锻炼提升。所以教师要学会适当"留白"，即在讲述一个知识点后，要留给学生自主学习思考的时间，让学生能细细体会历史的魅力和价值。比如学习《人民解放战争》时，教师在讲述内战爆发中的一些历史事件后，就要让学生自主思考，为什么会爆发内战？中国共产党胜利的根本原因是什么？这样一来，学生不仅能知道有哪些重大的历史事件，还能对历史走向和历史事件发生的根本因素做出客观全面的分析，能够深入理解历史背景，彻底掌握历史知识。

综上所述，要充分发挥初中历史教学的教育作用，教师就要为学生创设良好的学习情境，注重激发学生对历史学习的兴趣；还要积极实施合作探究模式，促进学生自主研讨；更要给学生留出足够的感悟空间，提升学生的自学能力，引导学生自主学习。初中历史教学中教材是知识的载体，也是对学生的阅读和思维能力培养的一种重要方式。为此，在初中历史教学中教师要注重引导学生学会质疑，在其与阅读内容对话的过程中真正地对文本内容进行理解。在教育教学中教师要能为学生营造学习氛围，激发学生进行学习的兴趣，从不同的角度对历史问题进行思考分析并解决，从而达到对学生自主学习能力进行培

养的目的。在初中历史教学中教师可引导学生参与实践，可通过小组合作方式来完成简单的历史模型制作，或是编制历史图表，历史可鉴的，让学生在参与的过程中充分体现主体地位，对学生的自主学习能力进行培养。教师还要不断探索自主学习能力培养策略，以此更好地发挥历史学科作用，促进学生综合素质的提升。

第三节　讨论教学与历史课堂的有效结合

在生活中我们会发现，一般许多新奇有趣的点子，都是在一群人进行头脑风暴之后想出来的。初中历史的教学过程也离不开教师和同学之间的互动交流，在不断进行沟通之后，教师才能更加准确地将学科理念传递给学生，使学生养成正确的历史观、人生观和价值观，在历史学习中体会人生道理。在历史教学中，讨论式教学能在极大程度上引起学生们的注意力，尽可能地展现学生的主体特性，帮助教师推进学习实践活动的深入开展，增加教师与学生之间互动的频率，从而极大地提高课堂效率，因此在初中历史教学的过程中，教师应将讨论教学与初中历史教学过程相结合。本节将针对讨论教学与初中历史课堂的有效结合进行讨论。

一、营造宽松氛围

许多学生经常在课堂上走神，跟不上课堂节奏，而且由于进入初中后增加了历史、生物、物理、化学等学科，许多学生都会因为科目难度大或课业增多而落下不少功课，进而在历史课堂上提不起兴致，课堂氛围总是死气沉沉的，再加上历史学科的理论性较强，课堂总是缺少趣味性，所以教师要利用学生和教师之间的互动增进师生关系，互相交流和探讨，营造宽松的氛围，激发学生的学习兴趣。例如在讲解《秦汉时期：统一多民族国家的建立和巩固》这一单元时，课本为学生讲述了从秦朝算起的秦汉辉煌历史文化，在这一单元需要理解记忆的东西比较多，而且历史常识知识也很丰富，但是有许多学生在面对课堂的时候，总是觉得枯燥乏味，没有兴趣。这个时候，我就利用互动式教学的方式，对学生提出一些问题："同学们，你们知道我国历史上有哪些统一全国的封建王朝吗？秦朝在中国历史上有着举足轻重的地位，你们知道这个朝代在历史上起了什么重要作用吗？"对学生进行提问之后，学生明白问题的重点和单元学习的重点，学生在问题指引下就开始了自主学习和研究，课堂上的研学氛围十分和谐融洽。

二、加深知识理解

虽然历史课本上的文字和解释都十分清晰，但是如果缺少了教师的点拨和解释，学生对文字的理解也只能浮于表面，并且难以进行记忆，在一遍略读之后很容易忘记，并不能在课本中进行阅读，难以形成正确的历史观。而教师进行授课就是为了让学生掌握解决问题的方法，把所学的知识应用到生活中，增强学生整体实力，将学生培养成为全方面发展的人才。所以采用讨论教学，能增加师生之间的互动，帮助学生加深理解，增强学科素养。在教授《中国开始沦为半殖民地半封建社会》这一单元时，学生对半殖民地半封建社会的定义不很清楚，也并不理解这样的性质定位与当时的社会环境究竟有什么样的联系。所以为了让学生加深理解，笔者就采用互动式教学的方式，让学生以小组的形式进行讨论，总结那个时候。中国半殖民地半封建社会的性质，以及在政治、经济、文化领域的表现，在学生进行思考之后，我再进行总结性的发言：半殖民地是指形式上有自己的政府和独立的国家名义，但是在政治、经济等社会领域都受到了外国势力的控制和入侵；半封建社会是指在形式上仍然处于封建势力的统治，但是社会已经逐渐向近代化转变。通过我的讲解，学生纠正并深化了对相关知识的理解。

三、锻炼表达能力

学生才是学习实践活动的主人，学生学习能力的有效提升需要经过实践活动，这样他们才能形成自主解决问题的能力。但是在传统的教学活动中，学生们缺少这种锻炼机会，教师们只顾着自己单方面的知识输出，而忽略了学生解决问题能力的提升，以及自主学习意愿的增强。所以，在实际教学活动中，教师必须要有意识地引导学生们围绕某一问题、某一内容进行讨论，引导学生们产生自主思考的意识。在讲解《冷战后的世界格局》这一课时，这段历史距离学生生活年代比较近，为了让学生增加课堂参与感，了解冷战结束后世界形势发展的总趋势，我于是展开了以学生为主体的讨论式课堂教学，让学生进行知识总结，并上台展示学习成果，以学生充当小教师的方式，增进了其对知识的理解，掌握了课本知识框架，养成了正确的历史观，还锻炼了学生的表达能力。在实际成果展示中，学生的表现都十分专业，流利的观点表达赢得在场学生掌声不断，让学生在课堂上进行展示，获得学习成果和正面反馈，激发学生自信心，让学生对之后的学习产生更大的自信。

总之，初中历史教学要以学生为主要对象，教师在教学的过程中只是起引导作用，增强历史学科的娱乐性和趣味性，激发学生参与讨论的热情，这样就能营造出思维活跃的课堂氛围，还能让学生们养成自主学习、自主思考的好习惯，在独立解决问题的过程中，学生们加深了对重点知识的掌握，更加增进了学好这一学科的信心。

第四节 小组合作形式下历史自主学习能力培养策略

在初中历史教学中，学生的自主学习能力固然很重要，但是在学生进行自主学习的同时，教师还应该注重学生之间的合作学习。如何将二者有效地结合起来，是教师和学生亟需解决的一个问题。然而经过调查研究我们发现，部分中学教师对此并不重视。在初中历史课堂教学中，若想培养学生的自主学习能力，我们首先应该认识到在学生心目中教师是高高在上的，学生容易感到拘束、束手束脚。所以在授课中，教师应当注意以学生为主体，鼓励学生之间进行交流，开展初中历史的小组合作学习。与此同时，在合作学习的过程中，教师加强对学生自主学习能力的培养。

一、划分学习小组，开展小组合作学习

在初中历史学习中要培养学生的学习习惯，提高学生的学习效率，首先学生需要具备一定的自主学习能力。而在教学过程中，教师应该意识到不同层次的学生自主学习能力也有所不同。因此，教师在教学时应该遵从学生的差异性，根据学生能力划分学习小组，鼓励小组成员在教师的指导下，就相关知识点和问题进行合作学习、自主学习和探究，进而提高学生的整体学习效率。例如在讲述《汉武帝巩固大一统王朝》的相关内容时，教师可以提出三个不同层次的问题，这不仅可以了解学生的历史基础，也便于调动学生的学习积极性，明确本节课的自主学习目标。对于基础知识较差的学生，教师可以让他们了解相关朝代及汉武帝时期重要的历史事件。有一定基础的学生，结合相关地图、图片和材料，掌握汉武帝巩固大一统王朝的具体措施，培养学生的时空观念和史料实证意识。最后，历史知识基础较好的学生，思考汉武帝强化中央集权的措施有怎样的作用和影响。通过相关的问题，学生对自身的情况有直观的了解，为自己设立相应的学习目标。同时，教师可以采用学生组内合作的方式，在提出问题之后，学生之间相互帮助，解决相关的历史问题。

对于不能直接解决的问题，教师再提供相应的资料，让学生自行查阅，小组探讨完成，进而提高学生的自主学习能力。

二、结合相关史料，鼓励学生探究，培养思辨能力

初中历史教学中，教师还应该意识到，培养学生思辨能力是初中阶段的重要内容，同时也是学生进行高效历史自主学习的保障。因此在进行相关教学时，教师应重点培养学生的思辨能力，让学生进行小组合作，结合相关的史料提取信息，落实历史解释的学科核心素养。这既能让学生感受历史学习的魅力，又能提高学生的自主学习能力，为接下来的初中历史教学创造便利条件。例如讲述《三国鼎立》一课时，教师可向学生讲述相关知识，在学生对历史背景有一定了解后，教师借助史料对相关人物进行评价。比如《三国志》中对诸葛亮的评价："治戎为长，奇谋为短，理民之干，优于将略。"由于初中阶段学生已经学习了一些文言文，教师可让学生尝试翻译相关文言文，同时还可以让小组学生互相帮助。学生在小组合作的形式下，共同解决相应的问题，提高历史自主学习能力的同时，也在一定程度上增进学生之间的友谊，营造积极参与的课堂氛围。此外，教师还可告知学生《三国演义》是一部文学作品，其中有许多历史错误，请大家依据相关的史料，对其中的错误进行纠正，通过相关的方法提高学生对知识的探究能力。比如学生经过探究得知，周瑜是病逝，草船借箭的主人会不是诸葛亮。这种方式不但可以提高学生的自主学习能力，也在一定程度上培养了学生正确的历史观。

三、结合历史事件，鼓励学生表达，活跃教学氛围

在进行初中阶段的历史教学时，教师应该注意到，若想提高学生的自主学习能力，课堂交流是必不可少的。所以在课堂教学中，教师可以适当结合相关的事件，鼓励学生在课堂上进行语言表达，鼓励学生进行小组之间的头脑风暴和讨论。同时师生之间也应该积极进行交流，教师还可以适当结合辩论、圆桌会议等教学方式，开拓学生思维，提高学生自主学习能力。如讲述《安史之乱与唐朝衰亡》相关内容时，教师提出"安史之乱爆发的原因是什么"。学生结合课本和教师提供的相关史料，最终得出直接原因是唐玄宗与安禄山双方都错误地估计了对方的实力，根本原因是藩镇和中央之间的矛盾。随后教师还可以继续询问学生：那么有可能防止安史之乱的爆发吗？在这个过程中，教师也可以给出相应的意见，为学生提供思考的方向，为学生能更好地进行历史学习创造条件。教师还可以在

教学时结合相关地图，让学生对相应的地图进行讲解，使其学会从地图中获取信息，把握历史的纵向发展，提高学生自主学习能力的同时培养学生的空间观念。

综上所述，在初中历史教学中，若想让学生开展高效的自主学习，首先学生之间的合作和交流是十分必要的。教师需要根据学生的能力划分学习小组，鼓励小组合作学习。其次教师还可以结合相关史料，鼓励学生探究学习，锻炼历史思辨能力。最后在教学时教师要结合历史事件和历史人物，鼓励学生表达自己的观点，活跃课堂教学氛围，进而真正地提高初中学生的历史学科的自主学习能力。

第五节　学生自主学习能力的多元化培养方法

随着教改的不断深入，传统的教育方法已不再适用当今的需求。各界的呼声都要求打破"一言堂"。这种以教师和教材为中心的教育模式，把更多的目光投放在学生身上，让学生成为学习的主人，教育目的从简单的知识掌握往能力提升方面不断深入。对于学习意识不断增强的初中生来说，培养自主学习能力是非常重要的。

以往的历史课堂，教师总是死板地把每一历史事件的时间、起因、人物、过程、结果一条条地罗列出来，学生摘录好，然后死记硬背。除了枯燥无味的记忆，学生根本无法感受到人类成千上万年文明积淀的魅力。历史是一门有利于学生增强民族自豪感和爱国情怀的教育学科，但是知识点繁多而琐碎。在长期应试教育和机械记忆状态下，初中生对于历史学习热情每况愈下。要充分调动这些主观情感，需要学生有自主学习的热情。

一、培养意义

在固有的观念里，历史只是一门单纯背得多、记得牢就能得高分的科目。许多学生除了课堂教师的灌输之外不会再去探索一些历史问题的真谛，甚至去理解一些简单的历史内容对其来说都根本没有必要。这是学生对这一科目重视程度不够的结果，也不愿花时间和精力去自主学习，自己去钻研。教师们要想学生历史成绩有实质性的突破，必须培养学生自主学习历史的能力。一方面，学生在独立思考的过程中，虽然会遇到一些困难，但一旦破解问题的答案，他们便会获得自主学习的喜悦感，从而对此学科产生极大的信心和兴趣，这也增强了学习的意志力，在今后的学习中，不再单方面以教师为中心，依赖教师。对历史学习不再仅依赖表面的背诵，而是有了更深入的理解，更加透彻的分析。另一方面，对于教师而言，这也极大地减轻了教学负担，课堂甚至达到事倍功半的效果。教师不再唱独角戏，整堂课是师生共同努力的结果。教师为了减轻压力，也应该积极探索如何培养学生的自主学习能力。最后，这也非常符合当代以人为本的教育理念，教育本就应该以学生为中心。

二、培养方法

培养学生自主学习能力经过众多教师的研究，有非常多的操作简单并且有效的办法。良好效果的形成并非一蹴而就，需要教育双方不断地实践与摸索，教师与学生共同努力。

（一）激发兴趣，培养自主学习能力

任何学科，一旦学生产生了浓厚的兴趣，其学习的积极性和学习的效率就会增强，历史学科也不例外。任何年龄阶段的学生都对故事、人物传奇颇感兴趣。历史学科又是最好开展故事性教学的。历史教师可以利用学生这一特性用故事性教学激发学生的兴趣。比如学习《文艺复兴运动》这一课时，教师可以抛出《罗密欧与朱丽叶》这样一个故事去吸引学生的注意力，可能学生略有耳闻，并不能详其所有，但这大大激发了他们的参与感和学习兴趣。故事完毕之后，教师紧接着指导：这是莎士比亚歌颂自由恋爱的绝美篇章，虽然是国外爱情故事，但中国人大多都知晓，可见其家喻户晓。我们历史中有那么多歌颂爱情的诗文和故事，为什么这个故事会源远流长，影响如此之大呢？它的作者又是谁？他是在怎样的情况下写出这样表达人类至臻情感的故事的呢？之前是否也有这样的故事广为流传？用一个故事激发学生的兴趣，再用一系列问题调动学生的好奇心。学生以一个故事为切入点去思考，能提高自主学习能力。除了故事性教学以外，对一些章节教师可以采取声像信息来激发学生的兴趣，从而培养学生的自主学习能力。比如在学习《探寻新航路》这一内容的时候，教师可以在PPT上展示世界地图，然后出示指南针、罗盘等事物图，让学生思考这些东西间有什么联系。打破传统的教学方法，让学生学会独立思考、独立探索，对培养他们自主学习的能力非常有帮助。

（二）"小教师"培养法调动学生自主学习能力

在学生心里，教师是神圣的。很多学生自小便树立成为一名优秀教师的志向。教师可以利用学生这一心理特性，让学生在课后翻阅资料准备自己所要教学的课程，其实学生在没有教师帮助的情况下，自己翻阅资料的过程，便是自主学习的过程。比如在学习《第

二次世界大战》这一内容时，教师挑一名"小教师"课下进行准备，课上大胆放手让学生去做，把课堂交给学生，允许其他学生对"小教师"进行质疑和提问。经过这样一个训练过程，学生主动学习历史的积极性会得到很大的提高，学习兴趣也会随之而来。

  自主学习能力的培养是今后教育的一个重要方向，每一位教师责无旁贷。教师不能一味地让学生仅依靠自主学习，这对习惯性依赖教师的学生来说无疑是非常困难的。教师要结合学生状况和特点进行有效指导，以期帮助学生更好地学习历史，掌握自主学习能力，这对其他学科学习和今后的学习工作都将发挥积极作用。

第二章

学生时序思维能力的培养

第一节 教学中融入时间术语建立时序思维

一、目标内涵

一般来说，时间是历史的存在形式，是历史的构成要素之一。历史学家将历史事件按照时间顺序加以排列，时间顺序就自然为了解历史事件发生的原因和结果、变化和延续提供了线索。历史的时间观念，不单单指某年某月某日发生了什么大事，而且还指这一大事对历史发展给予了什么影响，是加速还是延缓历史的进程。也就是说，历史学科中所提出的时序不仅仅指历史事件发生、历史现象出现、历史人物生卒的时间先后顺序，更重要的是指以时间为基点，梳理历史横向和纵向发展脉络，从而进行历史解释。历史知识比事实性知识涵盖更多、范围更广。历史知识包括了事件阐释、变迁及其他原因，还包括历史过程知识。从历史知识的整体性和连贯性来说，历史时序能将这些知识串联起来。学生在掌握与历史相关的时间术语后，按照与历史情节相对应的时间维度去建立历史的时空感及变迁感，把握历史的发展脉络，并进一步分析事件发生的原因。这就相当于为过去历史事件发生因素的解释，即历史事件发生的前因后果创建了某种正确的路径，能让学生明白历史的来龙去脉，提升时序思维能力。

培养学生的时序思维能力，首先得掌握与历史时序有关的时间专业术语。在历史叙述中，既有比较精确的时间术语，如公元、朝代纪年中的年、月、日，或某一重大或关键史事发生后的第几年、第几月、第几天等，也有比较模糊的"区间"时间术语，如公元纪年中的某世纪，某世纪的初、中、晚、末期，某帝王或杰出人物在位时期或使用某年号的时期，某重大历史事件或特征的开始和延续时期，如洋务运动时期、第二次世界大战期间、中世纪等。再宽泛一点，还可以用古代、近代、现代、当代，或史学界达成共识的某种理论特征来表示，如原始社会、奴隶社会、封建社会、资本主义社会、社会主义社会，石器时代、青铜时代、铁器时代、蒸汽时代、电气时代、信息时代，等等。通过学习时间术语，学生将了解常用的历史时间表达方式，理解史学界较为常用的历史分期，明白时序的概念，掌握重要史事的演变，形成时序意识，深度理解历史事件之间的关联性，揭示事件之间的内在联系，进而合理解释和评价历史，养成历史与现实的关联意识。

二、培养路径

（一）了解纪年方法，认识时间术语

在初中历史教材中有不少时间术语，如朝代、年代、公元纪年、世纪等。教师首先应将它们进行分类，分成公元纪年法、帝王纪年法和天支纪年法，再根据具体的课文内容，指导学生了解"公元前""公元""世纪"的含义，了解朝代纪年和公元纪年的联系和区别，知道"谥号""年号""庙号"的含义，了解帝王纪年和公元纪年的联系和区别，知道"甲午"的含义，了解天干地支纪年和公元纪年的联系和区别。

其次，教师应根据学情，整理相关时间术语的含义，让学生从已知逐步过渡到未知。如在《早期国家的产生和发展》一课的教学中，教师先介绍朝代纪年法，引入部分朝代歌，在加强学生记忆的同时，让他们迅速掌握本课提到的夏、商、西周三个时期。接着教师利用学生更为熟悉的公元纪年，从已知的"2020年"到"公元2020年"再到未知的"公元前"，逐步介绍公元纪年法的概念，指导学生了解国际上使用公元纪年法的一般规定，区分前期与后期，明确公元前与公元后的区别。随后教师补充介绍公元纪年法中"世纪"和"年代"的概念，并与"夏商周时期"的朝代纪年法进行对比，让学生们用完整的公元纪年法来记载夏商周三代的时间段，进一步掌握公元纪年法，进而掌握同一时间在不同纪年法中的表述方式，理解多种时间术语的含义。

在《西汉建立和"文景之治"》一课的教学中，教师可利用课文中汉文帝"文"的含义，引导学生了解帝王纪年法，指出谥号是古代帝王、贵族和大臣死后由后人根据其生平事迹评定褒贬而给予的称号，并补充介绍年号和庙号的含义，进而从谥号、年号和庙号三个方面了解帝王纪年与公元纪年的联系和区别，让初中学生了解基本的历史分期方式。

在《甲午中日战争与列强瓜分中国狂潮》一课中，教师可通过"甲午年"引导学生了解天干地支纪年法，知道其相关特点，以此增进学生对中国传统文化的认识。通过将干支

纪年与公元纪年相互转化，教师带领学生了解了两者的联系和区别，巩固了对干支纪年法的认识，同时补充关于"戊戌""辛丑"和"辛亥"三个干支纪年的练习，为接下来《戊戌变法》、八国联军侵华与《辛丑条约》签订和《辛亥革命》的教学做好铺垫。

最后，时间术语多为概念性知识，教师将"公元""朝代""世纪""谥号""年号""庙号"等时间术语融入课堂教学，从简单到复杂，逐步递进，层层深入，创设情境，及时反馈，帮助学生了解时间术语的基本含义，明确它们之间的联系与区别，为时序思维能力的提升打下坚实的基础。

（二）理解历史分期，明确时代特征

历史分期即历史时期的划分。作为历史学的一种研究方法，历史分期旨在揭示历史过程中不同时期或阶段之间质的差别。对初中学生而言，理解历史分期有助于他们明确某一时代的特征，比如通过新、旧石器时代的教学，学生可以明确石器是史前时期人类的主要工具，而对这一工具的不同加工方法又体现出更为细致的阶段特征——从打制到磨制，不仅反映了使用工具在人类进化过程中的突出作用，也反映了人类不断发展进化的演变趋势。

在春秋时期与战国时期的教学中，教师可首先明确两个时期所指的具体时段，再引导学生了解二者的区别在于除了命名出自《春秋》和《战国策》两本著作外，还因为这两个时期具有不同的时代特征。春秋时期周王室地位下降，大的诸侯国势力崛起，不再听从王命，周王在名义上仍是天下"共主"，但随着三家分晋，田氏代齐，维系周王室统治的各种制度已经完全崩溃，强大的诸侯不用再打着"尊王攘夷"的旗号，而是各自为政，相互之间展开连绵不断的战争。在学生进一步理解历史分期的内涵后，教师利用西周与东周的历史分期，拓展学生对兼具历史时间与空间内涵的历史分期的认识与理解。

当然，历史分期只是我们理解历史的一种视角和方式，不同的分期标准会形成不同的历史分期。在理解多样的历史分期的过程中，学生对历史的认识将不断变得多元和深化。

（三）聚焦时间术语，领悟历史概念内涵

在了解了时间术语，理解了历史分期之后，教师可让学生尝试运用时间术语进行表述，进一步夯实时序思维能力的基础。戊戌变法是中国近代史上的重要事件之一，教材中关于这一事件的时间术语除了传统的天干地支纪年（戊戌）、公元纪年（1898年）之外，还有描述其短暂性的"百日维新"，教师可通过对戊戌变法这一历史事件的不同时间术语

表述，引导学生领悟不同时间术语的侧重点。如戊戌变法、戊戌政变、戊戌六君子的"戊戌"更多地强调这一年份，百日维新中的"百日"体现了对其过程短暂的强调，而"变法"与"维新"则都强调了维新本质的内容。同时，教材中对戊戌变法前后时间段的描述同样包含了天干地支纪年与公元纪年，如1894年的甲午中日战争、1900年的八国联军侵华和1901年的《辛丑条约》。教师一方面可以通过这些时间术语，进一步提升学生对天干地支纪年与公元纪年的了解，另一方面也可以引导学生运用这些时间术语描述戊戌变法，从而帮助学生了解戊戌变法的背景，提升学生时间术语的应用能力。

第二节　利用时间轴的建构形成历时性思维

一、目标内涵

梁启超指出："有许多历史上的事情，原来是一件件的分开着，看不出什么道理，若是一件件的排比起来，意义就很大了。"的确，只有把一个个事件放在时间轴的图示结构中，才能将单一的事件进行整合，形成完整的时序，从而有利于历时性思维能力的培养。历时性，就是一个系统发展的历史性变化情况，与时序思维的纵向性特点相关，也只有在时序的先后顺序中，历史的发展脉络、前因后果、联系与变迁才得以展现。时间轴具有形象直观的特点，能更加清晰地将历史事件的来龙去脉呈现出来，将历史事件表达得更加有条理化并简约化，形成一种史学观点指导下的逻辑构建。

时间轴能够将枯燥的文字转化为图示，明确地表示历史的发展，这对梳理复杂的历史事件十分有利。为了能够全面、系统地整理教材内容，时间轴所标注的内容既要规范，又要简约；既要突出重点和转折，又要标注每一时间段的主要特点。

时间轴的设计，可以是单一主题型，也可以是复合主题型。所谓单一主题型，一般以某一历史事件、历史人物、国家历史进程、专题内容的发展演进为核心内容，在时间轴上进行标注，有助于学生了解史事本身的发展关键节点及发展趋势等。所谓复合主题型，就是在上述单一主题型时间轴的基础上，再复合相关主题的内容，如在历史事件、历史人物下复合区域、国家历史发展进程，在国家历史发展进程下复合世界历史进程，在专题内容下复合国内外历史背景或其他相关专题的内容等，以帮助学生形成发展、关联、全面看问题的意识。例如，在制作以十一届三中全会为核心内容的时间轴时，教师不仅要从政治视角加以呈现，还可以中华人民共和国成立以来的历史为观察期，复合社会、经济、文化等方面变化的内容，也可复合中国共产党重要会议的相关内容。教师应该引导学生体会中国共产党人的伟大历史初心与情怀。通过时间轴对中华人民共和国史进行梳理，教师在培养初中学生历时性思维能力的同时，也展现了共产党人建设社会主义的探索精神与艰苦环境下大公无私的品格，以此培养学生勇于探索、克己奉公的价值追求。

二、培养路径

（一）借助单一时间轴，了解历史的演变趋势

历史的演变离不开一件件具体的历史事件。在面对纷繁复杂的历史事件时，我们可以借助时间轴，按时间顺序排列相关史事，通过观察，了解历史的前因后果、发展脉络和演变趋势。

如学习中国境内早期人类向原始农耕生活过渡的内容时，教师可借助单一时间轴，引导学生了解随着生产力的发展，早期人类从旧石器时代过渡到新石器时代，逐步进入农耕社会的历史趋势。具体而言，教师可先出示空白的时间轴图示，引导学生通过自主观察，了解时间轴的形状、方向、特征等要素；再帮助学生回忆元谋人、北京人、山顶洞人、河姆渡文化和半坡文化出现的不同时间，按照先后顺序，依次对照填入；最后引导学生归纳出元谋人、北京人、山顶洞人属于早期人类的旧石器时代，而河姆渡和半坡文化属于农耕社会的新石器时代，并结合完整的时间轴体验其在表示先后顺序时的直观性，从而更清晰地了解从中国境内早期人类到原始农耕生活的历时性演变过程，更深入地了解其发展趋势，形成对从旧石器时代到新石器时代不断发展进化的历史规律的理解。

认识时间是了解历史的标尺，是了解人类历史发展持续性和顺序性的条件。在学习历史的最初阶段，教师可以通过时间轴的引入，培养学生对历史时间的初步感知，让他们了解要将所认识的史事置于特定的时间条件之下，按照历史发展的自身法则去认识它、研究它，才有可能获得正确的结论，为培养历时性思维能力打下基础。

（二）提取时间轴信息，理解历史的先后联系

时间不仅能体现历史演变的趋势，也能作为阐释历史的角度。学习历史还需要了解史事之间的联系，只有从历史时间的演进角度进行说明和解释，我们才能看出历史的发展与变化，才能对历史进行客观评述。因此教师需要从时间轴中提取历史信息，对相关史事

加以描述，了解不同历史事件之间的先后联系。

比如在中国近代史的教学中，教师可先引导学生回顾近代以来西方列强带给中国的屈辱，再回顾为救亡图存，实现经济工业化和政治民主化，中国人民进行了艰苦卓绝的抗争与探索，让学生对这段历史中的大事进行初步区分，然后将列强的侵略史事都放置在时间轴的上方，将中国人民的探索放置在下方，使学生清晰地了解到近代中国百余年的历史发展呈现出两条鲜明的主线：一是列强的侵略与中国人民的抗争，二是中国近代化的探索。结合具体史实，学生将进一步了解：西方列强的侵略越来越深，中华民族的危机越来越重，中国人民的探索则经历了从器物到制度再到文化的历程。最后，通过将时间轴上下的屈辱和探索联系起来，学生可以清晰地看出近代中国的屈辱和探索之间是有相互联系的，即遭受屈辱—探索—再受屈辱—再探索的中国近代历程。教师还可引导学生分析几次屈辱和探索的异同，进一步了解探索的不同层面和不断深入的特点。

借助时间轴，学生不仅可以将史事按照时间顺序排列，了解历史的演变趋势，还可以利用史事的先后顺序，提取相关信息，梳理逻辑关系，理解历史的先后联系，对不同时期同类型的史事进行对比，从而深入理解近代历史发展的整体脉络，理解具体史事之间的内在联系，在相同中找区别，在不同中见联系，深入理解史事之间的逻辑关系。

（三）运用复合时间轴，作出不同的历史解释

唯物史观认为，认识历史要从客观的历史条件出发，具体问题具体分析。在研究过程中，我们要把具体的历史问题放在一定的历史范围内，要以时间和地点为转移。对于同一历史事件，若选取不同的历史时段或空间场合，就会产生多种历史解释与历史评价，教师可将这些不同的时段、地点都复合到同一个时间轴上，分别列于上下两部分，引导学生通过归纳史事，作出多种解释；同时还要坚持两点论和重点论相统一的方法，引导学生依据历史发展大趋势确定重点，作出相应的价值判断。

比如关于新航路开辟的影响，如果以近代欧洲发展为主题，它无疑是具有促进作用的，为欧洲资本主义制度的确定提供了必要的物质条件。在早期殖民扩张中取得较大发展的英国逐渐成为世界最大的奴隶贩子，将"三角贸易"中牟取的巨额利润源源不断地转化为资本，加速了国家的资本原始积累，率先确立了资本主义制度，推动了工业革命，成为当时欧洲头号强国。如果以近代亚非拉的发展为主题，新航路的开辟给广大的亚非拉人民带来了深重的灾难。尤其是在新航路开辟后的殖民掠夺和"三角贸易"中，西方列强对殖民地疯狂掠夺，导致非洲丧失近1亿人口，社会经济发展受到极大制约，最终造成非洲传统文明衰落，社会经济倒退。亚洲和拉丁美洲的部分国家也被迫卷入资本主义世界体系，

成为殖民地或半殖民地。可见从广大亚非拉国家发展的时间轴来看，新航路的开辟也具有一定的消极作用。最后，教师还要引导学生从历史发展的大趋势角度思考，肯定新航路开辟的积极意义，因为它使整个世界开始日益紧密地联结为一个整体，推动了分散的古代世界向整体的现代世界演进。

因此，对于同一历史事件，教师可运用复合时间轴，选择不同时段、不同地点、不同角度，依据史事，一方面作出不同的解释和评价，另一方面结合历史发展趋势，明确顺应历史发展潮流的内容，培养学生唯物史观指导下的价值判断，进一步提升学生的时序思维能力。

第三节 有意拓展年表功能培养共时性思维

一、目标内涵

年表，即把时间上并行或相继发生的各种事件，按照它们发生时间的顺序加以排列，使人们易于了解事件的发展过程和它们相互之间的关系，从而可以帮助人们对事物的发生、发展和演变的过程有所了解，并从中寻求其规律性。作为治史的一种手段，汉代司马迁在编纂《史记》时开创了年表体例，书中"十二诸侯年表""六国年表"等年表编写的精确性与完整性已相当成熟，成为后世效仿的典范。

历史课堂中的年表也是一种教学资源，是以年代、月份、日，甚至时刻为经，大事为纬，把散落的重大事件按时间先后顺序排列，从而达到某种研究或教学目的的一种参考资料。它通常以简单的文字，按照历史年代先后顺序，对教材中的重大历史事件进行编排，言简意赅，条理清晰，旨在呈现历史事件之间的内在联系，重现历史发展的整体面貌。历史课堂中较为常见的年表有大事年表、阶段年表、对照年表和综合年表四种。

大事年表是年表最基本的形式，以时间为纲，将史事有序排列，与时间一一对应，尽可能清楚地展现历史发展的概略过程，便于教师与学生掌握历史发展线索，探究历史因果规律。一般情况下，大事年表左边为时间纵列，右边为史事纵列，实现"时间""史事"横向一一对应。

阶段年表主要反映某一阶段的历史大事，往往针对的是某一特定历史时期或历史主题，其作用就在于揭示某个历史发展阶段的时间范围和重要特征，帮助学生从整体上把握时代特征。以"美苏争霸"为例，通过总结美苏争霸的阶段年表，我们可整理出美苏关系经历的三个不同阶段，学生通过观察年表，将更直接地了解美苏关系在不同阶段的特征，从而把零散的知识系统化。

对照年表是指按时间顺序列出同一时段不同国家和地域发生的史事，便于横向对比考察其中的关系，最大的特点就是共时性。相较于大事年表，对照年表可按时序的演进，将同一时期不同国家、不同地区的中外史事进行有序分列排布，既能反映出纵向的历史发展趋势，也能体现出差异性、多样性的横向联系。

综合年表则是按照年代顺序有序地罗列出一定历史阶段或时期内的政治、经济、文化、军事、外交等各方面的重要史实。它可以帮助学生理解它们之间互相依存、互相制约的关系，系统地归纳和分析一定时期的历史背景，从而对这一时期的历史发展有一个全面的了解。

历史时序思维能力不仅包含"时间顺序"的纵向历时性思维能力，也包含"同时联系"的横向共时性思维能力。历史教学中的共时性思维主要是指从时间的横向性特点出发来理解历史。历史长河中某一确定时间点上的历史往往纷繁复杂，各种事件彼此关联、互相影响，只有通过共时性思维，看清楚历史进程中的"横切面"，才能更全面地理解历史，而历史年表中的阶段年表、对照年表和综合年表都有助于共时性思维能力的培养。

二、培养路径

（一）借助大事年表，了解"大事"内涵，夯实共时性思维基础

年表主要以表格形式来展示历史的发展，不同的年表有着不同的要素。大事年表是最基本的年表形式，比如教材附录中的大事年表。教学中，教师可首先要求学生观察教材中的大事年表，直观了解大事年表分为左右两个部分，左边是时间，右边是大事，按照时序一一对应；然后引导学生分析大事年表中的具体事件，了解"大事"的三大特征是典型性、代表性和关键性；最后结合课文引导学生关注"大事"，了解从原始部落到早期国家的基本发展脉络，明确中国历史从原始社会到部落联盟再到早期国家的发展趋势，夯实共时性思维基础。

（二）利用阶段年表，提炼时代特征，形成阶段共时性思维

阶段年表主要是将某一时段的史事进行归纳，揭示阶段特征。教师可利用教材中某

一单元的时段作为阶段年表的时间范围,将教材中的课题和目作为事件,形成阶段年表;再指导学生结合目的内容,从横向角度来提炼某一课的内容主旨;最后根据每课的内容主旨,形成某一时段的时代特征,引导学生从时代特征角度理解相关史事,从而培养从部分到整体的思维方式,初步形成阶段共时性思维。

(三)通过对照年表,关注不同空间的相互联系,培养共时性关联思维

与阶段年表不同,对照年表可以将同一时间不同地区的历史事件放在一起进行对照,在相互联系中呈现历史发展的统一性与多样性。因此对照年表的构建需要一个明确的时间段、一个确定的主题和至少两个不同空间的史事。比如在学习中华民国成立到中国共产党诞生这段历史时,我们就需要以同时段的世界历史为背景。在中华民国成立后不久,1914年,第一次世界大战爆发,欧美主要资本主义国家忙于战争,日本则企图独霸中国,于1915年迫使袁世凯签订"二十一条"。俄国十月革命一声炮响,给中国人民送来了马克思主义,新文化运动后期对马克思主义思想的宣传也离不开俄国十月革命胜利的世界背景。第一次世界大战结束后召开的巴黎和会上,列强无视中国代表的合理要求,将中国的合法权益转让给日本,直接促成五四运动的爆发,这些都为中国共产党的诞生提供了条件。

将同一时段不同时空下的事件放在一起横向比较,能够帮助学生理解在同一时间相互联系的史事之间的关系,使他们不再局限于自身所处的国家,而能放眼国际,从世界整体的角度看待问题,从而培养关联意识与共时性思维。

(四)依托综合年表,运用全面观点,培养综合共时性思维

综合年表兼具大事年表、阶段年表和对照年表的特征,可系统地归纳和分析一定时期的历史全貌,有助于学生对历史发展中的某一方面形成全面了解。比如在复习鸦片战争爆发前中英双方发展情况的专题时,教师可以通过指导学生分层次、有步骤地制作17—19世纪前期中英两国的综合年表,让他们全面了解战争爆发前双方各方面的对照情况。首先,教师可以要求学生分别制作中国和英国在这一时期的大事年表,先把事件整理出来,再按照政治、经济、文化等方面进行分类整理,归纳出这一时期中国与英国的总体情况,最后形成综合年表。学生通过观察,基本能够认识到鸦片战争爆发的根本原因是工业革命后英国需要扩大销售市场和原料产地,因此把侵略矛头指向了幅员辽阔的中国,而虎门销烟只是战争爆发的导火索。

不同的年表有着不同的功能。大事年表可以提供清晰的历史发展脉络,即从纵向看

趋势；阶段年表可以展示特定时段的阶段历史特征，即从横向看特征；对照年表可以将同一时间不同空间的历史进行对照研究，即纵横对照看联系；综合年表可以呈现一定时段的全貌，即纵横专题看全局。教师可根据不同内容，结合学情，拓展年表的不同功能，让学生把具体事件放置于特定的时间背景之下再去思考，从时代特征、对照联系、全面综合等方面培养共时性思维能力。

第三章
学生诠释评价能力的培养

第一节　通过人物理解人与时代的关系

一、目标内涵

历史学作为一门涉及众多学科、综合性极强的学科，研究的是自然界和人类社会活动的发展变迁，涉及人类社会生活的方方面面，其中"有生命的个人的存在无疑是全部人类历史的第一个前提"，他们创造物质和精神财富，推动社会变革与发展。从历史学作为人文学科的特性来看，它关心的是人，研究的是人，探讨的是过去时空中人的思想、观念、行为及影响，有人的历史才是灵动丰盈的历史，才是有人情味的"活"的历史。由此可见，历史人物作为历史活动的主体，是历史研究的重要对象，也是历史教科书中的重要组成部分和中学历史教学的重要内容。

在人类社会千百万年的历史演进中，有无数人留下过或深或浅的痕迹，而历史教学中提到的重要历史人物，指的是对人类历史发展起到重要作用的人，指的是那些在特定历史时期产生过重要影响，或在历史上留下过珍贵的历史财富的人或群体。从某种角度来说，"重要历史人物"具有相对稳定性，是不同时期、不同行业或不同地域具有代表性的、对历史进程有重大影响的人物，他们是历史事件的当事人，也是历史任务的发起人，对历史发展起加速或延缓作用。在初中历史课堂上，只有关注重要历史人物，学生才会觉得历史有趣味、有智慧、有情感，从而通过对重要历史人物行为及影响的学习和评价，更好地理解人与时代的互动关系，把握历史发展的潮流和趋势，形成正确的价值观，懂得是非真假、美丑善恶的取向和选择。

在初中历史教材中，我们可以看到无数富有个性的重要历史人物：有人与自然关系发展过程中的重要人物，如中国的蔡伦、祖冲之、毕昇、张骞，英国的牛顿、达尔文等，包括自然科学家、发明家、经济学家等；有人与人、人与社会关系发展过程中的重要人物，如中国雄才大略的秦始皇、文治武功的汉武帝、锐意变法的商鞅、忠贞耿直的魏徵、凿空西域的张骞、英勇善战的卫青、精忠报国的岳飞、七下西洋的郑和，外国的查理大帝、查士丁尼、华盛顿、拿破仑、林肯等，包括政治家、军事家、外交家等；也有秦末农民起义军、沟通丝绸之路的商人、开发江南的各族人民、英勇抗战的各界儿女等普通人。广大历史人物不断创造着物质和精神财富，汇聚成推动时代发展的磅礴力量。

在初中历史教学中，教师可通过塑造典型人物或人群，循序渐进、由浅入深地培养学生的诠释评价能力。教师可先引导学生从重要历史人物的生平经历、思想、行动等多个角度，知晓该历史人物"是什么样的"；在此基础上，再关注个体追求与人群共同诉求的关联，并从时代与个人互动的视角理解其思想及言行，解释其为什么会这么想、这么做；在习得理解和解释历史人物基本方法和路径后，可进一步从时间与空间、时代特征与历史大势、进步与局限性、主要与次要等关联视角，评价该历史人物的作用和影响。在以上能力目标的递进培养过程中，学生将逐步习得了解、理解和评价历史人物的基本方法，实现对历史人物的同情之理解，感悟生命的追求、智慧与价值，感受历史学科的人性张扬和人文情怀。

二、培养路径

（一）运用丰富史料，塑造立体人物形象

历史是人的历史，人类文明的历史归根结底是围绕人的存在和发展而展开的历史，特别是在历史中起到关键作用的重要人物。要认识历史，就要了解历史人物；要借助历史人物培养诠释评价历史的能力，须先从其生平经历及所思、所言和所行等视角，较为全面地了解重要历史人物。形形色色的历史人物卓越多姿，各具特色，运用丰富翔实的史料呈现他们喜怒哀乐、所作所为、成败得失，能塑造鲜活立体的人物，让历史血肉丰盈，呈现出特有的温度。

如开中国大一统封建帝国之先河的秦始皇，他"灭六国、并海内、成帝业、施新制、立新规、固统一、扩疆域、威天下"，要让学生了解这一历史人物，知晓其从军事一统到制度一统采取的种种措施，仅靠单薄的文字是远远不够的。教学中，教师可选用不同类型的史料，包括秦刻石铭文、历史文献、历史地图、各地出土的实物史料（如秦高奴禾石铜

权、阿房宫遗址等），拉近历史与现实的距离，让学生从中汲取信息，进而了解秦始皇在结束分裂、巩固统一过程中的行为和措施，尝试从政治、经济、文化、军事等不同视角知晓秦始皇的所作所为。历史人物具有多面性，其思想、言论、行为受到个人生平、时代发展、社会地位等因素的影响，因此对历史人物的诠释评价，自然也不能用是非黑白、好坏对错来简单区分，教师通过提供丰富多元的史料，可呈现立体全面、有温度的人。以美国总统林肯为例，他在不同处境和形势下的思想和行动也是不尽相同的，教师可拓展时空背景，呈现他在担任州议员、参加总统竞选、就任美国总统、美国内战爆发之初、南方占据优势、内战结束之前等不同时期的言论、思想和措施，介绍不同立场、不同身份的人对他的评价，提出"林肯在不同时期对奴隶制的态度、对南方各州的态度是什么，是否有变化，为什么会有变化？"等问题，从特定时间和空间的维度梳理他的行为，在他每一次思想和行为的变化中感悟其心路历程，最终形成对历史人物的全面认识。

（二）从个体到群体，彰显人与时代的互动

当知晓了重要历史人物"做了什么""是什么样子的"后，我们还要进一步解释人物如此行动的原因，也就是他们在这一行动背后作出的思考和判断，探究隐藏在历史人物行为背后的思想动机。从个体到群体，从单影到群像，促成这些历史人物的行动和意志变化的往往不是个人思想的短暂爆发和转瞬即逝的思维火花，而是能够推动持久且重大历史变迁的主要动力。

以晚清维新派为例，从康有为到梁启超、谭嗣同，从一个人到一群人，近代先进知识分子们在民族危亡的时代背景下为救亡图存奔走呼号，试图将自己的救国策略付诸实施。教学中，教师可从康有为、梁启超等人在清末政治危局中的思想行动入手，剖析他们从研习传统文化到力主变法维新、实行制度改革的转变；介绍清史档案中记录的"公车上书"，了解晚清知识分子们创刊物、办学会、施新法的种种行为，结合文献、地图等史料，提出"为什么这些读书人会不顾前途与性命，参与此次上书请愿？""为什么有一大批人在各地组织学会，创办报刊，宣传变法？""为什么谭嗣同等人不顾身家性命，宁愿以死唤醒国人？"等问题。通过在个体之间寻找关联和共性，学生最终能够理解和解释这些历史人物言行背后的历史动力，是危机深重的晚清时局下，先进分子与广大国民在传统与现代激烈碰撞、东方与西方交汇的社会转型期苦苦探寻并实践的救亡图存之道，是中华民族挣脱桎梏努力前行的历史驱动力。

（三）优化人物叙事，创设同情理解之情境

只有史料，没有叙事，历史课堂上只剩下抽象晦涩的材料和问题，必定让学生感到索然无味，而史料加思辨的模式又思辨有余，趣味不足。对历史人物作用和影响的评价必须源于实际、源于细节，须从客观合理的历史进程中去复现历史人物思想、理念的形成，这就需要教师在教学中创设情境，凸显以人物为中心的历史叙事，帮助学生移情入史，以同情之理解的态度看待重要历史人物，进而诠释评价特定时代背景下的历史人物的作用和影响，实现从感性体验到理性认识的升华。

如《秦统一中国》一课生动讲述秦始皇的人生经历，展现了时代在他身上留下的烙印与年少时独特的经历给他带来的影响；《戊戌变法》一课呈现同时代人物群像的思想和行动，既描述了康有为、严复、梁启超等人在民族危亡背景下焦灼、忧虑的心理，也刻画了他们在探索救亡之路时的迷茫、纠结；《美国内战》一课讲述林肯年轻时刻苦自励、勤学自修，从政时审时度势、殚精竭虑，在历史叙事中发掘历史人物的内心世界，揣摩其心理变化，从而理解和解释其生活环境、人生经历、所处时代与其思想、行为的关系。当学生立足历史人物的视角，体味到历史人物的喜怒哀乐、悲欢离合，感受到或激进或保守或中庸或忠诚或善良的种种人性时，他们将不再以现代思维去认识历史人物，而是运用史料和叙事去创设情境，最终逐渐形成自己的历史观点和价值判断。

第二节　聚焦历史事件把握历史大势

一、目标内涵

无数历史事件共同构成波澜壮阔的历史画卷。历史学家葛剑雄认为，历史研究的基本目的就一个，就是要在复原历史事件的基础之上，探索以往的人类社会发展变化的规律。马克思主义认为，世界上一切历史事件都不是孤立的，而是彼此联系、互相依存、先后继承的。所以，分析和总结历史事件，抓住它们之间的内在联系和因果关系，讲清它们的前后因果、来龙去脉，有利于揭示历史发展的本质和规律。历史事件可让人重回历史现场，使历史更有生动性、形象性、故事性及表现力。对历史研究和学习而言，借助重大历史事件实现对外在世界的观察和对逝去历史的心灵体验，有助于达到同情之理解，在把握

历史发展轨迹，剖析历史事件特征、趋势、事理的基础上提升诠释评价的学科关键能力。

重大历史事件是指对国家和社会发展乃至全世界产生重大影响，具有一定的历史意义，甚至改变了人类历史进程的历史事件。重大历史事件因社会影响重大、历史意义重大，容易引起全国甚至全世界的关注，也备受广大人民群众的关注。因为重大历史事件往往涉及国家经济、政治、文化发展变化情况，而国家的和平稳定与繁荣发展又直接关系到每一个人的切身利益，所以重大历史事件往往呈现出全民参与或互动的特性。总之，重大历史事件通常具有重要性程度高、范围广、影响大等特点。

在历史进程中，每一个事物都是在一定的历史条件下按一定的规律产生和发展的，这使一些历史事物因其鲜明的时代色彩而成为特定历史阶段的标志。重大历史事件因其影响国家发展、社会进步、人民福祉而被载入史册。只有关注重大历史事件，我们才能在知识建构的过程中抓住历史发展的主线，了解历史发展的关键环节、时代特征，并以点带面地实现对历史大势的宏观认识，从中探究历史发展的内在规律，在历史的发展和延续中找到思考的方向与生存的智慧。通过重大历史事件串联鲜活的历史，进而把握历史的内在变化和联系，可以激发学生学习历史、探究历史的兴趣。

初中历史教材针对初中阶段的学情特点，采用以点带面的编写方式，其中的重大历史事件有助于学生沉浸式感知历史，把握历史发展脉络，体会时代特征和历史发展大势。初中历史教材中有促进历史发展的历史事件，如促进世界由分散走向整体的新航路开辟、带来社会生产力飞跃发展的工业革命、推动社会制度变革的资产阶级革命；有严重阻碍社会生产力发展、有悖历史潮流，甚至给人类带来灾难的历史事件，如第一次世界大战和冷战等；有开启新的时代，成为一个国家或民族历史发展过程重大转折点的历史事件，如十月革命、中华人民共和国的建立等；也有点亮人们思想的历史事件，如文艺复兴、宗教改革、启蒙运动、新文化运动等。

在初中历史教学中呈现历史事件与细节，有助于提升学生的兴趣，促进他们体悟并觉察历史。教师可引导学生从时间、地点、人物、经过、结果等基本历史要素入手，较为全面地了解重大历史事件，知晓其基本过程，形成历史表象；在此基础上进一步引导学生从自然环境、政治氛围、经济发展、文化传统、时代大势等视角建构理解，从动机、条件、主观与客观、比较与综合等视角解释历史事件，运用动机与后果、短时段与长时段、本国与域外（或世界）、进步与局限等关联视角评价重大历史事件的作用和影响。以重大历史事件凸显历史变迁与关联，帮助学生知晓人类社会纵向发展历程，关注不同国家和地区之间的横向联系，可以培养学生贯通古今、放眼世界的心胸志向，让他们在对重大历史事件的诠释评价中体悟世界文明发展的多样曲折，认同和平发展、合作共赢的时代主流。

二、培养路径

（一）立足时空，解读史料了解史事

历史事件是发生在特定时空背景下的真实事件，而具体的事件又由时间、地点、人物、起因、经过、结果等要素组成，时间是事件的起点，地点是事件的空间，人物是事件的主体，起因是事件的导火线，经过是事件的全貌，结果是事件的总结，缺少任何一个要素细节，都将影响人们对历史事件的全面了解，历史事件也将失去参考价值。因此，在初中历史教学中，引导学生立足时空解读史料，对历史事件发生于何时、何地、发生经过及规模、涉及事件的人物及身份等基本要素进行核实、分析与记录，是全面了解史事的基本途径。

以《中国历史（第一册）》第三单元《秦末农民大起义》为例，陈胜吴广起义是中国历史上的第一次农民大起义，他们的斗争精神鼓舞了秦朝千百万民众起来反抗残暴的统治。起义动摇了秦朝的统治根基，为之后项羽、刘邦等揭竿灭秦创造了群众基础，为推翻秦朝的残暴统治拉开了序幕。教材中对这一重大历史事件的描述篇幅有限，这就要求教师结合教材内容，提供多元史料，帮助学生"重回历史现场"，解读史料，建构认识，全面了解史事。课堂中，教师可通过《史记》等史料中的描述，让学生了解陈胜、吴广等人遭遇大雨即将延期到达时的焦急心情，感受秦朝严苛法律下民众的恐惧和痛苦，营造历史氛围；也可结合秦末农民起义形势图等史料，让学生自主思考，解读信息，分析形势，了解陈胜吴广起义的过程和影响。当学生借助从史料中汲取的信息重现相对清晰的历史现场时，教师可引导他们规范表述，运用历史基本要素，如时间、地点、人物、经过和结果等，较有条理地讲述重大历史事件，这样既能深化其对历史事件的认识，也培养了其全面"叙史"的学科关键能力，可有效培育其具象历史思维。

（二）透视时空，综合归因理解特征

重大历史事件相较于一般历史事件，具有更加鲜明的多样性、独特性和情境性，不同时期的历史解释也不尽相同，这就要求教师在明了表象的基础上，透视时空，理解特征，进而引导学生综合归因，解释史事。重大历史事件的发生、发展是在特定时空条件下进行的，其发生既有必然性，也有偶然性，是政治、经济、文化、个人等多方面合力促成的，也受到不断发展变化的国内政治、经济、文化、阶级乃至国际形势等多方面因素的影响。在解释这类史事时，我们不能简单地用空泛的历史概念表述，只有透视时空，厘清历史事件的发展脉络，从主观到客观、从孤立到整体，综合归因，才能追溯事件的前因后

果，提炼其时代特征，解释其深层原因。

以香港回归祖国这一重大历史事件为例，我们在分析具体原因时应用发展的眼光，结合具体国情、国际形势、民众情感，从政治、经济、文化等角度加以梳理归纳。从时间来看，自从香港离开祖国怀抱，我国各届政府从未停止过收回香港的努力；从政治来看，我国政府解决香港问题经历了一个较长的时期，最终提出"一国两制"的政治构想；从经济来看，香港问题的解决离不开中华人民共和国成立后的经济发展和国力强大；从国际形势来看，中华人民共和国成立后外交事业发展，国际地位提升，英国作为传统资本主义国家的国际地位在不断下降；从民众情感来看，中华民族有着血浓于水的情感和长久的民众认同。这些都需要教师在教学中大量引用第一手史料，引导学生从不同视角深化理解，作为认识这一历史事件的着眼点，综合归纳，从而全面认识历史事件。

当然，由于历史事件是存在于过去的、已消逝且具有自身时代特性的，所以对其原因的探究往往囿于视角、时代和史料，存在局限性，因此教师须告知学生某一历史事件发生的原因随着新史料的出现、史学家们研究的深入，今后还会出现新的角度，只有将历史事件置于历史流变中，透视历史事件的关联与创生，进而形成历史"信息链"，才能得出对历史事件的合理解释。

（三）延展时空，精选视角把握大势

历史评价是指在历史研究过程中，在科学史观的指导下，以正确的价值观为标准，以具体的科学理论范式为视角，运用具体的辩证思维方法，对历史事实进行价值研判的过程，是历史认识的最高层次。历史评价是马克思主义历史理论的重要组成，即依照人类历史发展的客观规律，对历史人物、历史事件、历史现象等客体，给予肯定或否定、赞扬或批评等价值判断。以重大历史事件为例，古往今来，对同一史事的阐释和评价会因不同历史时期、不同评价者产生巨大差异，我们在坚持历史事实的客观性与先在性的前提下，须进一步建构时空，精选视角，将唯物辩证法应用于历史评价中，展现历史事件的发展进程，揭示历史发展的客观规律，提升历史评价的时代价值，最终克服历史评价中主观性、相对性和多元性的羁绊，形成对史事全面客观的评价，并把握历史发展的总体趋势。

以《世界历史（第二册）》第8课《第一次世界大战》为例，第一次世界大战是因两次工业革命后的资本主义国家竞争激烈、矛盾激化而引发的一场波及全球的世界大战，历时四年多，三十多个国家、15亿人口被卷入了战争，它对人类造成了巨大的物质和精神上的损害。但第一次世界大战的影响已远远超出了这一历史事件发生的时间和空间范畴。第一次世界大战因新式武器运用、战争模式改变、国民经济军事化、新社会变革等因素，体现出影响整个人类社会生活的总体性和牵动全球的世界性。要评价这一重大历史事件，我们必须延展时空，既立足事件发生时的时代氛围和民众心态，从历史当事人的位置和视点来观察，以历史当事人的标准来判断；又勾连过去、现在和未来，放眼区域与全球，选择恰当的视角，运用历史研究的方法，尝试从时代特征、文化传统、社会生活等方面进行解释和评价；感受战争对人类文明的巨大摧残，体会人们反对战争、渴望和平的呼声，领悟和平与发展的历史大势与时代主题。

第三节　剖析文明成果洞察历史发展的内在动力

一、目标内涵

历史是人类社会的发展过程，是人类共同拥有的成长经历，是丰富多彩的物质文明和精神文明的结晶，也是民族构成认同和团结奋斗的精神基础。探寻历史真相、总结历史经验、顺应历史发展趋势，是历史学的重要社会功能。中学历史课程承载着历史学的教育功能，其中人类在历史上创造的优秀文明成果，展现了历史演进的时段，折射了时代风貌的特征，凝结了先人智慧的结晶，揭示了人类历史发展的基本规律和大趋势。因此，优秀文明成果作为历史活动的呈现结果之一，既是历史研究的重要对象，也是历史教科书中的重要组成部分和中学历史教学的重要内容。

时代的更易，社会的变迁，总会留下无数的优秀文明成果，而历史教学中提到的优秀文明成果，指的是在人类历史发展进程中留下光辉痕迹或重要启示的优秀物质文明成果或精神文明成果，包括那些在特定历史时期出现的、产生过现实作用的、对当世或后世有着重要影响的优秀文明成果。比如，作为物质文明成果的青铜器具等，作为精神文明成果的马克思主义理论等，虽为时代的产物，仍在后世闪耀光芒。"一切历史都是当代史"，昨天、今天、明天，衔尾相随，历史与未来正是在现实中交汇，尤其是那些优秀的文明成果，直到今天依然闪烁着其智慧的光芒与人性的光辉；即使其中一些受其历史局限，但其蕴含的思想、背后的人文精神，以及历史经验教训，依然在今日给予我们众多启示与明鉴。在初中历史课堂中，教师只有关注优秀文明成果，才会让学生觉得历史是纯粹又丰富的、单一又多元的、传承又创造的、平凡又智慧的、进步又局限的……通过对优秀文明成果的出现、特征、贡献及其影响进行学习和评价，学生可更好地习得了解、理解、解释与评价历史的思维逻辑，汲取历史经验，弘扬民族精神，开拓国际视野，陶冶道德情操，成为有处世能力、发展意识和责任担当的公民。

在初中历史教材中，我们可以看到各种类型的优秀文明成果：有形状各异的文字，如中国的甲骨文、古埃及的象形文字、古代两河流域的楔形文字、古印度的梵文等，包含传承至今的、失传的、解读成功的、尚未完全解读成功的文字等；有各具文化特色的建筑，如北京的故宫建筑群、印度的摩亨佐·达罗、雅典的帕特农神庙、罗马的大竞技场等，包含古代的、近代的、现代的建筑等；有彰显时代特征的思想，如春秋战国时期的百家争鸣、近代中国的新文化运动，以及外国的文艺复兴运动、马克思主义理论等，包含涉及不同时期、不同地域的精神诉求与文化追求的思想运动等；有各具代表性的器物，如中国的司母戊鼎青铜器、秦始皇陵兵马俑陶器、唐朝曲辕犁木制品、明代青花扁壶，外国史蒂芬森的蒸汽机车、本茨制造的汽车、日本新干线等，包含不同材质或同一用途不同阶段的器物等；还有顺应时代发展的制度改革、不同时期璀璨的科技文化与艺术等优秀文明成果。这些不同形式、不同时期、不同地域、不同民族所呈现的优秀文明成果，是滔滔历史长河中人类智慧凝结而成的产物，是后人"掌握历史规律、借鉴历史经验、继承文化遗产、涵养民族精神"的教育载体。

在初中历史教学中，教师可通过对典型的、具有代表性的优秀文明成果的呈现剖析、追根溯源，依据不同维度，采取不同路径，有序解构，渐进培养学生的诠释评价能力。教师可引导学生从优秀文明成果的细节与整体、感官认知与理性推理、联系生活与综合历史、基本特征与创新意义等视角，知晓该文明成果是什么样的；同时关注优秀文明成果的时间与空间、原因与结果、主观与客观、短时段或长时段、显性或隐性、源流、时代、个人的视角，理解与解释其为什么会这样、为什么会呈现出这种发展趋势等。在习得理解和解释优秀文明成果的基本方法和路径的基础上，学生可初步学会从基本特征与历史发展趋势、主要贡献与历史局限、延续与变迁等视角，解释与评价优秀文明成果。在以上能力目标的递进培养过程中，学生将逐步习得了解、理解和解释评价优秀文明成果的基本方法与思维逻辑，洞察历史发展的内在动力，从而达成历史学科立德树人和价值追求的多元目标与要求。

二、培养路径

（一）动静两相宜，展现文明成果之智慧

要认识历史，就要了解优秀文明成果；要借助优秀文明成果培养诠释评价历史的能

力，就要先懂得文明成果一般可以分为物质文明成果和精神文明成果两大类，然后从形质、功能、艺术、特征等角度较为全面地了解物质文明成果，从现实需求、核心概念、价值追求、社会反响等视角较为全面地了解精神文明成果。种类繁多、涉猎广泛的优秀文明成果内涵丰富，各具特色，教师可运用丰富有趣、动静交织的材料呈现它们的精致、宏伟、传承、创新，勾勒出丰盈多彩、内涵丰富的优秀文明成果，让历史充满智慧、处处精彩。

如青铜器反映了夏、商、西周时期高度发达的文明，凝结着先人智慧，辉耀着中华文明，映照着社会风貌，要让学生了解这一优秀物质文明成果，从不同视角去理解与解说青铜器，仅靠图文是单薄乏味的。教学中，教师可采用不同类型的史料、不同教学载体辅助的方法，如新闻报道、官方海报、历史文献等静态呈现的图文资料，上海博物馆馆藏的龙爵、司母戊鼎等出土实物图，以及龙爵实物仿真品，并播放范铸法铸造司母戊鼎的动态镜像等，通过"亦静亦动"交替而行的教学方法，让学生"走近"与"走进"历史，在生动有趣的氛围中触摸与感受优秀文明成果，尝试从形质、功能、艺术、特征等角度了解青铜器，并在查究细节与丰富想象的基础上，结合跨学科知识，解说青铜器的构造设计与功能运用，在了解青铜器的高超工艺的过程中，感叹先人的创造智慧与高度发达的中华文明。

优秀物质文明成果是可见的、有形的实物，比如器物、建筑等，其本身所蕴含或折射出的思想、精神、文化、制度等方面的丰富内涵则可归为精神文明成果。比如，青铜器是器物类，属于物质文明成果，考古学上以使用青铜器为标志的人类文化发展的一个阶段被称为青铜文明。中国青铜文明，历史悠久、工艺精湛、技术娴熟、内容丰富，是世界文化宝库中的精华。教师在说明了青铜器是什么样的之后，势必要站在时代背景下，尝试从现实需求、核心概念、价值追求、社会反响等角度理解与解说青铜文明。龙爵小巧精致，足见其以人为本的设计理念；司母戊鼎庞大精工，是祭祀之物，从技艺的高度、合作的难度看，都显示了其工艺之高超。这些既反映了当时高度发达的青铜文明，也包含着祭祀之礼、社会之风、审美之趣等。所以，青铜器不仅作为一种器物呈现着它是什么样的，还作为一种文化告知我们它蕴含着什么。通过从现实需求、核心概念、价值追求、社会反响等视角去理解与解说优秀文明成果，挖掘其内在的本原，解说其隐含的丰富元素，学生就能较为全面地了解精神文明成果。

（二）逻辑巧设问，剖析文明成果之形成

当知晓了优秀文明成果是什么样的之后，我们还要进一步理解与解释其基本特征与创新意义，探究优秀文明成果的特点；从源流、时代、个人的视角，解释优秀文明成果产生的原因。通过引用适切的材料、带有逻辑的设问、层层深入的剖析，教师可引导学生理解优秀文明成果究竟是什么样的及为什么会这样，在理解中明了其特征，解析其发展的逻辑关系，感受历史学习的精妙与逻辑推理的严密。

如纺织行业的新技术对能源提出了新要求，瓦特蒸汽机的新发明带动了体系化的新发展，新技术的应用推动了生产组织方式的新突破，英国以其前所未有的新变革创造出令世界瞩目的新成就，开工业文明之先河，为众多国家所效仿，对人类社会产生了深远的影响。为了让学生理解与解释这一优秀物质文明成果，教师在教学中除了提供与问题匹配的图文材料、表格数据外，还必须站在历史场景中，以"神入"历史的情境体验与逻辑推理，让学生了解英国当时的经济状况及民众的生活状况，从国家经济到个体经济，从国家政策到民众需求，从进口布料的优质到国产棉布的优势，在层层设问、步步推理中认知英国的经济状况、民众的消费方向、国家的政策导向、行业的发展机遇等一系列问题与应对举措，进而理解与解释第一次工业革命产生的原因。

在理解与解释了第一次工业革命产生的原因后，教师须让学生了解纺织行业的革新所带来的一系列连锁反应及影响，理解工业革命的革新之处及深远影响。除了提供表格关联信息、文献史料外，教师还可采用逻辑解释、故事导引、板书梳理及课后作业布置等方式，从基本特征与创新意义的视角理解与解释第一次工业革命的特点。比如以表格展示加教师解说的方式，引导学生明晰纺织行业具有技术革新、联动革新的特点；从棉纺业机械化的发展需求角度出发，认知行业的联动革新及其带来的体系革新，始终以问题串联的方式，在逻辑推理中解析第一次工业革命的基本特征和创新意义，并辅以结构板书梳理、作业布置的方式巩固思考第一次工业革命新在何处、为何新及新的意义。在解析优秀文明成果的同时，学生将体悟到科技改变社会、科技改变生活，感受到科技创新是国家兴旺发达的不竭动力。

（三）正反有所论，领悟文明成果之时代性

对于优秀文明成果，学生若仅停留在知晓、理解、解释的层面是不够有深度的，还需要辩证地辨析、辨别，提出自己的思考，看到时代局限下认知或行动的缺憾，学会从基本特征与历史发展趋势、主要贡献与历史局限、延续与变迁等视角，解释与评价优秀文明

成果，感知或体悟特定时代下文明成果的生成缘由及其利弊缺憾等，懂得带着自己的思考去学习历史、思辨历史。

在《马克思主义的诞生和国际共产主义运动的兴起》一课中，为了让学生知晓马克思、恩格斯起草的《共产党宣言》的发表标志着马克思主义的诞生，《资本论》的发表丰富、发展了马克思主义，教师可在教学中结合文献解读、纪录片信息提取、表格梳理等方式，让学生了解马克思主义的诞生、发展与实践的概况，评价马克思主义的创新之处，辨析其后续指导欧洲革命时的缺憾之处，明晰其当下的历史意义与历史局限。在解读与评价《资本论》的过程中，学生明白了《资本论》是对马克思主义的丰富与发展。结合所学，教师进一步引导学生展开辨析"你如何评价马克思主义？"，从思想到行动，从现实社会到后续发展，从小区域到大世界，从短时段到长时段，以理性客观的态度、正面反面两个角度一一进行评述，客观评价了马克思主义。至此，学生懂得了从基本特征与历史发展趋势、主要贡献与历史局限、延续与变迁等视角，解释与评价优秀文明成果，领悟文明成果的时代性，形成较为客观与全面的事实论断与价值判断。

第四章
学生问题意识能力的培养

第一节　问题意识概述

一、"问题"的概念界定

什么是问题？所谓问题，可以指一种困境或者一个谜团，简单地讲，问题就是指想要尽快解决的事情。在《汉语大词典》中对"问题"的定义有四个层面：第一，要求回答或解释的题目；第二，需要研究讨论并加以解决的矛盾、疑难；第三，关键、重要之点；第四，事故或意外。

美国芝加哥大学心理学教授盖泽尔把"问题"分为三类：呈现型问题、发现型问题和创造型问题。在国内，大部分教师认为教学中的问题主要分为以下一些类型：①延伸型问题。即从教材的内容延伸出来的问题。②辩证型问题。即学生需要运用唯物辩证法的观点才可得出答案的问题。③比较型问题。即将不同的现象进行对比而提出的问题。④开放型问题。即学生超越教材，存在于实际的问题。⑤综合型问题。即从分散的内容中，抽取它们之间的某种共同的属性或指向，进行提炼、整合，重新纳入一个全新的问题系统之中。⑥材料型问题。即将理论联系实际，培养学生学以致用，提高观察能力、分析能力、解决问题能力和创新能力及关注社会的责任和热情的创新型问题。

二、"问题教学"的概念界定

《中国大百科全书·教育》一书中对"问题教学"进行了定义：教师针对儿童在生活、活动中遇到的困难，提出的问题，帮助他们分析问题，寻求假设，进行实验，以求解决问题的方法。问题教学是指以问题为中心进行的教学，将教学内容转换成问题，引导学生通过问题的解决来获取知识、发展能力及形成优良的品质。

问题教学主要可以分为四种类型：一是问答型问题教学，它是指由教师或学生提出问题，学生在教师的引导下回答问题，从而获取知识和发展能力。例如，在"二战后的世界变化"这一单元的学习中，有关"冷战"的典型史实有很多，教师在整理教学内容时可以抓住这一学习单元需要解决的问题，如什么是"冷战"？为什么在第二次世界大战结束后会出现"冷战"的局面？"冷战"的突出特征是什么？"冷战"给世界带来了什么？"冷战"的历史给了我们什么样的启示？这些问题的提出与解决，形成了这一单元的逻辑层次，促使学生在解决问题的过程中获得新的认识。二是发展型问题教学，它是指教师引导学生再发现知识形成的步骤，来形成能力。三是研究型问题教学，它是指在教师的引导下，学生进行类似科学研究的学习过程。四是问题型问题教学，它是指教师创设相关的问题情境，提出需要解决的问题，学生在教师的引导和帮助下解决问题。

三、"问题意识"的概念界定

安徽师范大学姚本先教授在《论学生问题意识的培养》一文中认为：思维的问题性表现为人们在认识活动中，经常意识到一些难以解决的、疑惑的实际问题或理论问题，并产生一种怀疑、困惑、焦虑、探究的心理状态，这种心理又驱使个体积极思维，不断提出问题和解决问题。对于思维的这种问题性心理品质，称为问题意识。周德金在姚本先观点的基础上进一步提出了自己的观点，他认为问题意识是指"在认识和改造客观实践活动中存在的矛盾和疑难反映到人们头脑中来所形成的观念意识"。

历史学科具有过去性、人文性和叙述的主观性等特点，并且历史是一个需要思考的学科，因而问题意识在历史教学中具有重大意义。历史问题意识是指学生在历史学习中往往会遇到一些难以解决的问题，由此产生一种疑惑、困顿的心理状态，促使学生主动探究、积极解惑，不断产生问题、提出问题、解决问题的思维心理品质。历史教师在培养学生问题意识时要注意以历史素养为基础，站在历史的角度，提出具有历史意义的问题。

第二节 历史教学中问题意识的培养原则

历史教学中问题意识的培养必须遵循一定的原则来进行，方可更好地完成教学任务、落实教学目标。

一、科学性原则

科学性原则是指在培养学生问题意识的过程中,教师要以马克思主义为指导,所讲述的历史史实、历史概念和历史观点等要准确无误。历史教学中的科学性原则有以下两点要求:

第一,教师在问题意识的培养过程中,要保证教学内容的科学性,引导学生从实际对象出发,去探求历史事物的内部联系及其发展的规律,认识历史事物的本质。此外,教师要慎重对待有争议的话题,不可根据教学的需要凭主观意识随意改造教学内容。

第二,科学性原则的要求,不仅与教学内容有关,而且与教学方法及组织有关。也就是说,教学计划、教学方式、教学方法、教学组织等应科学、合理,教师授课时所用语言也应规范、严谨。

二、发展性原则

发展性原则是指在培养学生问题意识的过程中,问题的设计要适合学生现有的发展水平,但又要有一定的难度,需要他们经过分析和思考之后才能得出答案,以便有效地提高学生的历史思维能力,继而促进其历史学科核心素养的发展。教师对学生问题意识的培养需遵循发展性原则。这是由历史研究和历史教学本身的特性及学生认识历史的特点决定的。

首先,历史研究本身是发展着的。随着时代的发展、认识手段的日益丰富及获取信息的渠道日益增多,学生对历史的认识也在不断拓展和深入。其次,历史教学内容也并不是一成不变的,而是与时俱进的,也常常要进行必要的更新。历史教师应该不断关注历史学术研究的前沿问题和历史教学研究的新观点,这样才有助于指导学生对历史问题进行探讨,进而逐步培养学生的问题意识。

此外,学生对于历史的认识,是不会一次性完成的,学生学习历史的过程是其知识、能力等逐步提高和发展的过程。

上述几个因素决定了我们在培养学生问题意识时应遵循发展性原则。在培养学生问题意识的过程中,我们应采取动态的指标来衡量学生的知识水平和认识水平。例如,复习课时培养学生的问题意识就不能像新授课那样,因为上复习课时学生对相关历史基础知识已经有了一定的理解,教师提出的问题就不再像新授课时那样浅薄。教师在进行问题设计时,就应该增加问题的难度,进而提升学生的问题意识。

三、开放性原则

开放性原则是指教学的时间和空间从教室延伸到家庭、社会；教学的活动从课堂拓展到课外、校外；教学的过程从单向的教师讲授变为生生互动、师生互动；教学的评价从单一走向多元。

其一，教学时间和空间的开放性。家庭教育具有教学内容生活化、教育方式情感化、教育方法多样化等特点，是学校教育的基础和补充，具有不可替代的教育作用。社会教育对学生的价值观念和生活习惯的养成有着直接的影响，可以促使学生更快地认识自己和了解社会，从而影响其身心发展。问题意识的培养过程中，教学从教室扩充到家庭、社会，研究的问题背景放大到家庭及社会生活，具有开放性。

其二，教学活动的开放性。课外、校外活动，可以使学生对课堂上学到的知识加深理解和运用，可以扩大视野，丰富知识，提高认识，并能大大提高实践能力，具有开放性。

其三，教学过程的开放性。在问题意识的培养过程中，我们要充分发挥学生的主观能动性，倡导学生积极主动地参与课堂活动，努力促进学生的学习方式向自主式学习、合作式学习和探究式学习靠拢。问题的设计要摆脱传统、封闭的教学方式、学习方式的束缚，具有开放性。

其四，教学评价的开放性。在问题意识的培养过程中，评价的内容要具有开放性，既要重视基础知识方面的评价，更要重视知识以外的综合素质的发展，尤其是创新、探究、合作、实践、情感与态度等方面的评价。因此，评价的标准也应该是多方面、多层次的，具有开放性。

第三节 历史教学中问题意识的培养与实践

为了最大限度地发挥历史教学中问题意识培养的功能和作用，我们不仅要重视理论方面的探索和研究，更重要的是需要在理论的支持和引导之下找到历史教学中问题意识培养的实施策略。在此，我们提出以下几个方面的实施策略以供参考。

一、转变传统观念，激发问题意识

传统的历史课堂教学基本上采用"以讲为主"的教学方式。甚至有人认为，教师在课堂教学中应该用主要精力和时间来讲述历史知识，即使"一讲到底"也无可非议。虽然"以讲为主"的教学方式具有可控性强、简便易行等优势，但这种单一讲述的教学方式极容易演变成灌输式的教学，不利于培养学生独立自主建构知识的能力。因为学生长期消极被动地接受知识，缺乏必要的思考和探究过程，难免会降低其学习的积极性和主动性，无法促进其历史思维能力的发展。

新课程要求转变教师角色，教师由知识的传授者转变为学生学习的引导者和学生发展的促进者。教师除讲授基础知识外，还应尊重学生的主体地位，激发学生学习的热情和兴趣，鼓励学生积极主动地参与课堂活动，培养学生自主地发现、分析、解决问题的能力。为更好地实现以上转变，教师应做到以下几点：

（一）尊重、赞赏学生

尊重与赞赏学生是问题意识培养的前提，教师应从以下几个方面着手：

首先，教师要尊重学生，正确对待学生的提问或回答。培养问题意识的过程中，教师要尊重学生的看法，鼓励学生质疑，发表不同的意见，以讨论、协商的方式解决争端。教师要营造一个民主的氛围，保护学生的积极性，保证学生具有安全感。

其次，教师还要正确对待学生的提问或回答。当学生的回答有错误或回答不出问题时，教师要进行帮助和诱导，而不能逼迫、批评、嘲讽学生；当学生提出的某些问题，教师一时无法作答时，也绝不掩饰自己知识的缺陷。当出现教师难以回答学生提问的情况时，教师应坦诚承认，告知学生，并在课后积极查阅相关资料后再解答学生的困惑。另外，对学生提出的一些不太恰当的、脱离常规的、标新立异，甚至有些荒谬的问题，教师不应加以批评或全盘否定，而是要给予正确的引导，鼓励学生积极发问，使他们保持提问的热情和积极性。

再次，教师要以平等的态度对待每一位学生，保证每一位学生都有发问的机会。每位学生都渴望得到老师的关注，都希望得到重视。所以，教师要努力为每一位学生创设平等发问的机会，而不是只把机会留给成绩较好的学生。此外，教师还要认真聆听学生的问题，以平等的态度对待发问的学生，并给予有效的指导。如此才能使学生在民主平等的课堂环境中，敢于提出自己的问题，从而增强中学生的问题意识。

最后，要努力创设民主平等的师生关系。托尔斯泰曾经说过：教师只有把对学生和职业的热爱兼于一身的时候，才是一位真正完美的老师。潘菽曾在《教育心理学》中提到过一种"交往性动机"，他认为，这种动机能够促使有些儿童在学习中愿意为了喜欢的老师而努力学习，会因为师生间的友好合作增加学习责任感。同时，他们也会因为师友的责备挫伤自尊心,从而影响学习等。

因此,民主、平等、和谐的师生关系是问题意识产生的良好条件,而教师以正确的态度对待学生的提问与回答又能强化学生的问题意识。也就是说,教师要以平等的态度对待学生,对学生充满爱心,而不能以"权威"自居。民主平等的师生关系是交往的前提。对教师而言,交往意味着知识的传授、经验的分享、自我的提高;对学生而言,交往意味着主体性的凸显、个性的表现、思维能力的提升。

教学是教师的教和学生的学共同组成的传递和掌握社会经验的双边活动。没有学生的参与,教学的目标、任务将无法实现;没有教师的教,只有学生的学,这种活动只能称作"自学"。教师不应是站在讲台上讲课,而是应该走下讲台与学生一起讨论,甚至可以说是与学生一起谈话。当然,这样的谈话是有主题的,但学生却在一种相当轻松的气氛下参与讨论,尽量思考问题的答案,争取发言表达的机会。

(二)深入了解和研究学生

乌申斯基曾讲过:如果教育学希望从一切方面去教育人,那么就必须首先也从一切方面去了解人。苏霍姆林斯基之所以成为苏联当代著名的教育家,这和他在教学和教育工作中十分重视了解和研究学生是分不开的。苏霍姆林斯基一生中研究过3700名学生,给每个学生都写了观察记录。可见,全面、系统地了解和研究学生是教师成功地进行教学和教育工作的前提。因为它不仅可以使我们克服教学中的主观主义和形式主义,并且可以使我们在教学中真正地做到有的放矢、因材施教,更好地培养人才。教师是教育过程的组织者,在全部教育活动中起主导作用。从根本上说,良好的师生关系首先取决于教师。为此,教师要从以下几个方面努力:

其一,了解学生总体的年龄特征,熟悉他们身心发展的特点。《学记》一书中曾提道:"多其讯言,及于数进,而不顾其安。使人不由其诚,教人不尽其材;其施之也悖,其求之也佛。"意在表明,教学应遵循教学的规律和学生的身心发展特点。学生的心理发展是具有阶段性的,并以年龄为标志。所谓学生的年龄特征,就是指一定年龄阶段学生身心发展的一般特点。它不仅表现在身高、体重、骨骼、肌肉、神经系统等生理发展方面的不同特点,更重要的是在知觉、记忆、注意、想象、思维、情感、意志、兴趣、能力和性格等心理发展方面有显著的特点。学生的身心发展具有顺序性、阶段性、不平衡性、互补性、个别差异性等规律,这是经过现代科学和教育实践证实的。认识并遵循这些规律,是做好教育工作的前提。因此,初中历史教师在教学中要注意遵循初中生身心发展的特点和规律进行问题意识的培养。当教师教授学生的知识、技能和技巧真正切合学生年龄特征和接受能力时，他们才能使学生对学习产生强烈的兴趣、无限的信心、高度的自觉性与积极性，才能使学生对所学知识有更深入的理解和领会。

其二，了解学生个体的能力水平、学习态度和兴趣特点。伟大先哲孔子通过"视其所以"（观察学生的日常言行）、"观其所由"（观察学生所走的道路）、"察其所安"（考察学生的意向）、"退而省其私"（考查学生私下的言行）等方法，细致地了解和研究每一位学生的能力水平、学习态度和兴趣特点。此外，孔子说："中人以上，可以语上也；中人以下，不可以语上也。"主张对不同水平的学生施以不同的教育。独特性是个性的本质特征，珍视学生的独特性和培养具有独特个性的人，应是教师对待学生的基本态度。因此，教师要根据学生的能力水平、学习态度和兴趣特点，有的放矢地进行问题意识的培养，使每个学生都能扬长避短，获得最佳发展。考虑到学生个性特征和接受能力的不同，因此贯彻这一原则要求教师了解学生，从实际出发进行问题意识的培养。此外，教师还要善于发现每个学生的兴趣、爱好等，为学生问题意识的培养创造良好的条件，尽可能使每个学生的不同特长都得到全面、自由的发展。

例如，对于第二次世界大战，有些男生对战争中所使用的先进武器很感兴趣，进而想探究科技发展的作用。还有学生对战争中罗斯福、丘吉尔等一些有影响的人物产生兴趣，想收集有关资料加以评论。了解学生头脑中的问题并注意帮助和引导学生自主解决，这是培养学生问题意识的一条重要原则。

（三）引导和帮助学生提出问题

在学生的生活、学习或社会实践活动中，发现和提出问题的价值不逊色于解决问题的价值。发现和提出问题的目的是有效地解决问题，但仅仅满足于解决问题是不够的，更重要的是，在问题意识的培养过程中，学生能否掌握搜集、整理和运用与历史学习相关的资料，运用正确的观点去分析它，并发现问题和提出问题。教师应从以下几个方面来引导和帮助学生提出问题。

1. 培养学生主动质疑和解决问题的内在动机

学生在学习过程中遇到的问题，往往都是教师和教材规定好的。在一般情况下，这些问题在课本上都能找到现成的答案，缺乏学习的实际意义。此外，这些问题的已知条件、未知条件、难度系数、目的指向、大致类型都已确定，不会使学生产生困惑。这样就减少了学生自己辨别和鉴定材料有效性的机会，不利于锻炼学生独立自主地发现和提出问题的能力。而且学生往往把教师和教材中提出的问题当作学习任务，从而产生一种抵触心理，这无形中增加了问题解决的心理阻力，不利于激发学生的学习兴趣和积极性。因此，教师要提供能使学生产生疑问、参与活动、探究问题的情境和学习材料，使学生能够通过一定的思考后发现和提出问题，提高学习兴趣，维持好奇心，激发学生的内部学习动机。

2. 帮助学生正确表述问题

学生在理解问题的过程中，要明确问题的性质及类型，找准关键信息，排除无关信息，并在头脑中初步形成问题意识。在这一过程中，教师要教授学生有效地提取信息的方法和手段，鼓励学生多层次、多角度地表述问题，并使学生从中获取正确表述问题的经验。

3. 帮助学生养成分析问题和对问题归类的习惯

分析问题的过程是学生运用已有知识经验，辨别有效信息，积极思考，明确问题所在的过程。它能促使学生迅速地提取头脑中相关的信息进行思考，有利于训练学生的辨别能力和思维能力，在分析的基础上，将已有的知识经验进行重组，对不同的问题进行归类和组织，重新建构认知结构。

4. 训练学生陈述自己的假设及其步骤，鼓励自我反思

教师应对学生解决问题的过程和方法加以指导，使其明确自己的不足与缺陷；鼓励学生从多角度尽可能地陈述自己的假设及其步骤，帮助其厘清解决问题的思路；引导学生及时归纳和总结解题的经验和策略，为以后解决此类问题提供借鉴。此外，问题解决的过程，要求学生反复推敲、认真思考、综合分析和比较各种假设的可能性及有效性，选择恰当的解决问题的操作步骤。

5. 提供多种练习机会

教师要保证练习的质量，避免题海战术或机械训练；把握练习的速度，适当安排练习的次数和时间；注重练习形式的多样化，燃起学生学习的热情，从而培养学生的问题意识。

（四）重视思维能力的训练

历史思维是形象思维和抽象思维的结合、形式思维与辩证思维的结合，是一种特殊类型的思维。学生通过思维能在情境中发现问题，提出自己独到的见解，批判地看待历史问题。因此，在培养问题意识的过程中，教师应重视学生思维能力训练。

1. 加强逆向思维训练

逆向思维是指在问题意识的培养过程中，从思维的对立面思考和探索某些习以为常的历史问题的一种思维方式。逆向思维训练过程能使学生打破思维定式，从中发现问题，能够提出与众不同的见解。逆向思维的训练包括以下两个方面：

第一，反向逆推，探讨某些命题的逆命题的真假。比如，教师在讲到"明代玉米、番薯等高产作物被引进和推广"这一知识点时，有的同学认为，如果这些东西早来中国20年，明朝没准儿就灭亡不了，因为老百姓就够吃了，当时的农民造反就是因为没得吃！针对学生的疑惑，教师利用反向逆推法：如果当时老百姓够吃了，农民是否就一定不会造反？明朝是否就一定不会灭亡？从而使学生认识到自己的观点是错误的，农民之所以会造反、明朝之所以会灭亡，是多种因素综合的结果，不能夸大偶然性的作用。又比如，教师在讲到"思想家庄子"这一知识点时，从"庄子思想"逆向导出"庄子"，在分析庄子思想的消极因素时，让学生根据"爱迪生曾经说过他的成功来自99%的汗水加1%的天才。如果按照庄子的观点，仅仅依靠1%的天才，顺其自然而不主动争取，爱迪生会不会成功呢"？这一问题进行讨论，这一教学环节从逆向引导入手，推出正确结论，激发了学生质疑辩驳的天性。教师引导学生利用逆向思维去分析问题，从而重新建构认知结构、深化问题意识。

第二，辩证分析，从思维的对立面思考问题。比如，在《太平天国运动》的教学中，教师可以提出"假如没有天京事变的发生，太平天国运动的结果将会怎样"的问题，并组织学生展开讨论。教师还可以提出"假如清军不入关，李自成起义军能否建立起全国统一的政权""假如林则徐没有去禁烟，中国近代史将会怎样发展""假如张学良和杨虎城不发动西安事变，抗日民族统一战线会不会建立"等类似的问题。可见，改变问题的条件或者结果，不仅可以使学生形成逆向思维问题，还可以提高学生辩证地分析、解决问题的能力。

2. 加强发散思维训练

发散思维是指在问题意识的培养过程中，突破原有的方法、规则的束缚，从多角度，尽可能向各个方向扩展，寻求多种不同的解决方法，衍生出各种不同的结果。因此，在培养问题意识的过程中，教师要淡化标准答案，鼓励学生多向思维。学生在学习知识时要做到不唯上、不唯书，大胆质疑教师和书本的权威，应倡导学生提出与众不同的见解，敢于冲破陈旧的教育观念，勇于提出自己的见解和主张。长此以往，学生问题意识的个性和创造性就会得以提升。

二、创设问题情境，强化问题意识

人们的认识过程是以感觉和知觉为先导的，学生学习的过程也是从感知教材开始的。在教学的任何一个阶段上对新的事物和现象的感知过程，都意味着研究的客体在学生意识中的反映和关于这些客体的正确的表象和概念的形成。

由于历史学科具有不可重复性（即历史性）和过去性等特点，所以，历史教师在教学的过程中，需要借助一定的语言和教学工具，来间接地描述历史事物，引导学生通过观察和想象，加深其对历史概念、历史现象、历史事件、历史人物的理解和掌握。李惠军曾说过：情境要别开生面、疑窦丛生。要精心设计具有新意、强烈刺激的历史场境，最大限度地引起学生的关注，并且在具体的情境中蕴含矛盾和疑惑，造成学生对原有认知的挑战，从而引发探究的愿望。因此，在初中历史教学中采用情境教学法，可以让学生更加积极主动地参与课堂教学。

在创设问题情境时，我们应遵循以下原则：①精心设问。问题要围绕着教学内容，要有利于教学任务的完成。②难度适当。问题应符合俄国教育家维果茨基的"最近发展区"理论，形象地说，即"跳一跳，摘果子"。问题的设计要做到使学生稍微思考一下，大多数人都能或多或少地讲出一些观点来。③层次性。问题应有一定的层次性，足以使学生不断生成新的问题，促使学生积极思考。下面介绍几种问题情境创设的方式。

（一）利用生活实际创设问题情境

通过笔者自己的教学经验和对一线历史教师的采访可知，历史是一门生活类的学科，因为我们就活在世上，就活在历史之中，已经是历史的一部分。要学好历史，就要在平时的生活中多学习各种知识，而且学生认识历史往往是从身边的事物或熟悉的生活现象开始。因此，联系生活中熟悉的事物来创设问题情境，有利于培养学生的问题意识。

例如，教师在讲授"民国时期民族工业的曲折发展"知识点时，首先由同学们所熟悉的唐代大诗人王翰的名句"葡萄美酒夜光杯"说起，然后引领学生联想家人在日常生活中饮用葡萄酒的场景，并与学生一起竞相列举我国知名的葡萄酒品牌。后话锋一转，问道："葡萄酒已经日益走进咱们千家万户的日常生活了。那么，同学们知道我国第一个采用近代工业生产工艺大规模酿造葡萄酒的民族企业是哪一家吗？"学生立即活跃起来，经过一番讨论后，认定是1892年成立于山东烟台的张裕酿酒公司。进而，教师指出张裕酿酒公司迄今已有100多年的历史了，可以说它的创业发展史也就是我国民族工业发展历程的一个缩影。随后，教师就以探讨百年张裕公司曲折发展的道路入手，来引导学生观察我国近代民族工业的艰辛发展历程，并揭示相关的影响因素。在这个案例中，教师联系本地生活，从学生的生活经验入手创设问题情境，在调动学生积极性和思维活动方面取得了较好的效果。

（二）利用新知识和旧知识之间的联系创设问题情境

历史教学中新旧内容间的密切联系性，要求教师在讲授新课前，需对旧课进行复习提问。其目的不仅是检查学生课后复习的情况，更重要的是沟通新旧内容之间的联系，并由旧课导入新课。在新旧内容的连接处创设问题情境，激发学生的求知欲，利用旧知，获得新知。

例如，笔者在讲授七年级上册"大一统的汉朝"知识点时，先就前节内容提问："汉初休养生息政策的主要内容是什么？实施这一政策的结果怎样？"在学生回答后，教师接着指出："汉初统治者在经济上推行休养生息政策，为后来西汉的强盛奠定了物质基础。那么，西汉统治者在政治上又是如何来巩固封建统治的呢？"教师承上启下转入新课，使学生复习旧知识的同时又获得了新的理解和心得，从而加强了新知识和旧知识之间的联系。

（三）利用学生的思维定式创设问题情境

思维定式是思维主体受已有经验、知识、观念、习惯和需要等综合因素的影响，在思考问题、解决问题时所具有的倾向性和心理准备。思维定式的影响范围很广，它既表现在主体的认识活动中，也表现在主体的实践活动，但是它对主体的影响不是单一的阻碍作用，而是起到了积极和消极的双向作用。在历史教学中，学生的思维方式有时会受到消极作用的影响，有时会将历史人物脸谱化。因此，教师要不断克服思维定式的消极作用，从而培养学生的问题意识。

例如，在讲授"个体农耕"这一知识点时，学生往往会认为个体农耕在当时是自耕农的主要经营方式。"男耕女织"式的小农经济可以使农民自给自足。自耕农除盐铁之外，一般不必外求，因此生活比较稳定，也有较高的生产积极性。

学生仅仅看到了个体农耕的积极作用。教师应在充分肯定自耕农经济的基础上，指出自耕农经济存在一定的弊端：狭小的生产规模和简单的性别分工，使得小农经济很难扩大再生产，阻碍了社会分工和交换经济的发展。教师进一步引导分析其消极作用：到近代以后，小农经济成为阻碍生产发展的因素之一。通过矛盾的产生，学生的好奇心和求知欲也会被激发，教师借机引导学生进行探究，引导学生全面客观地分析历史。

（四）利用现代教学媒体创设问题情境

多媒体技术能够突破视觉的限制，多角度地观察对象，并能够突出要点，有助于概念的理解和方法的掌握。图文声像并茂、动静结合的媒体界面和简洁明快的语音提示展示学习内容，可引起学生注意力和学习兴趣，使历史教学直观性原则得到全面贯彻落实。巨大的信息存储能力、快速检索功能和全面直观的展示功能不仅使历史教师拥有了浩如烟海的历史资料，而且还能迅速准确地查找到自己所需的资料为教学服务。因此，历史教师要充分利用动画、音响和图片寓教学目标和知识点于现代教学媒体之中，使学生充分感受到历史的真实性。

比如，教师在讲授《五四运动》时，首先向学生播放了剪辑过的电影《我的1919》的片段。视频讲述了中国外交才子顾维钧作为中国代表团一员参加巴黎和会的经历，塑造了中国代表团慷慨陈词、坚定维护国家利益的爱国人物形象，与欧美各国及日本等列强意欲重新划分势力范围的行为形成鲜明对比。视频声画并茂，生动、真实地再现了巴黎和会上激烈争辩的场景，让学生与历史人物共喜悲，与历史脉搏同跳动。然后教师抛出问题：①巴黎和会的结果如何？涌现了哪些代表人物？②结合当时国内外形势，思考五四运动爆发的背景。③五四运动的意义与精神是什么？视频的播放调动了学生的积极性，激发了学生的求知欲和民族意识，培养了学生的思维能力，有效地培养了学生的家国情怀和民族责任感。

（五）利用教学重点、难点创设问题情境

历史教学重点是指体现历史基本线索、主要环节和直接服务于具体教学目标的教学内容。教学重点确立后，就要有针对性地设计各种方法，在教学时突出重点。

教学难点包括理论性较强而使学生难于理解的问题、超越学生现阶段认知水平的内容、学生尚未掌握的专业性较强的知识或理论等。教学重点、难点是教学内容的核心，具有一定的思考价值。针对历史教学中的重点和难点问题，教师可以用随堂讨论的方式，引导学生主动探究，使学生在思考和讨论中解决问题。

比如，在"两极对峙格局的形成"知识点的教学过程中，教师播放剪辑过的视频《二战后的世界》。视频显示，第二次世界大战后期，召开了一系列会议形成了雅尔塔体系，雅尔塔体系建立在美苏势均力敌的基础上，事实上划分了战后美苏的势力范围，奠定了战后世界两极格局的框架。教师接着让学生思考："假如罗斯福在世，美苏两国还会不会发生'冷战'？两极对峙格局又是如何形成的？"学生对这些问题可能不能立即做出解释，

但又渴望答案。此时，教师应引导学生进行思考和交流，在积极自主的探究过程中找寻答案。

（六）利用社会热点或典型事件创设问题情境

学生一般对社会热点问题比较感兴趣，利用社会热点问题或典型事件创设问题情境，既可以活跃课堂气氛，引导学生关注国内外大事，又可理论联系实际，引导学生运用所学知识进行分析。在教学过程中，教师应选取一些典型的时政热点，引发学生质疑探究。

三、建立多元评价体系，推进问题意识

作为教学过程的一个重要组成部分，教学评价在历史教学中的地位和影响不可低估。教学评价对教学有着鉴定、激励和促进发展等功能，是培养中学生问题意识的制度保障。建立多元评价体系，对于培养学生的问题意识和改进教学过程有着十分重要的作用。为推进中学生问题意识的培养，教师除确立正确的教学评价原则外，还要坚持用多元标准评价学生。

受考试制度的影响及纸笔等考试形式的限制，现行的教育评价内容过多倚重学科知识和技能，对学生的实践能力、创新能力和个性特征等缺乏重视，造成评价标准单一。这种单一的评价标准，给学生的身心健康、全面发展带来的危害是有目共睹的。针对以上弊端，历史教学评价应着眼于学生的发展，评价标准也应是多元的、全面的，既要关注学生个体的处境与需要，也要关注个体的差异及发展的不同需求。作者认为评价标准的多元化主要体现在以下几个方面：

第一，评价目的人本化。教育的对象是人，教育的出发点和落脚点也是人。以人为本是学校管理和学科教学的最高原则，也是教学评价的最高原则。教师应以尊重人、关心人和信任人为一切教学工作的出发点，以造就人、成全人和发展人为一切教学工作的落脚点。因此，历史教学评价必须始终关注学生的发展，必须注重提高学生的综合素质。

第二，评价主体多元化。学校、教师是评价的主体，但不是排他性的主体，学生、家长、社会各界都应参与到初中历史教学评价中去，成为评价的主体，共同探索有效的历史教学评价方法，使历史教学评价更加客观、全面、公正、合理。

第三，评价重心过程化。历史学习不是一次性完成的，而是一个不断发展的过程，评价应将形成性、诊断性和终结性评价结合起来，实现评价重心的转移。

第四，评价方式多样化。在历史教学评价过程中，教师借助"质化"与"量化"研究

等方法，如观察、记录、调查、访问、测验等。此外，教师还应注意反馈的及时性，使学生及时了解自己知识的掌握程度，以便及时改进学习策略。

例如，广州市近年来开展初中历史学业成绩评价体系的研究，探索动态学业评价体系中初中历史开放性评价的形式，主要有历史资料的收集整理、家乡名胜古迹的考察、历史题材作品观后感、撰写历史小论文、口试、历史小报编制、历史小制作、历史小话剧演出等，他们的研究实验取得显著的成效。厦门市第五中学在课程改革中开展以三大活动为专题的系列活动，作为评价学生学业成绩的一部分，很具有特色。这三大专题活动分别是：形演—历史成语剧的编演；口演—辩论赛、讨论会进课堂；手演—历史仿古、创意小制作。这两则案例多角度、多渠道对学生进行历史教学评价，更加注重学生个体的发展。

综上所述，教师要始终坚持多元化标准评价学生，以学生问题意识和人格养成为中心，立足于学生多样化个性，放飞学生的才情和灵魂，这才能对整个教学工作做出全面的评价，才能充分发挥教学评价多方面的功能，才能更好地促进中学生问题意识的形成。

第五章
学生核心素养能力的培养

第一节　人文素养导向的初中历史学科思想与方法

　　初中历史课程在培养和提高学生的历史意识、文化素质和人文素养，促进学生全面发展方面的功能是课程标准的要求，历史教学除了传授历史知识与培养相关能力外，作为人文学科的历史教育还应作为落实"立德树人"的教育根本目标的平台和途径。以此为目的，我们在"学术视野，人文情怀"的初中历史教育理念的基础上，提炼出"人文素养导向的历史教学"的初中历史教育的学科思想。

　　初中历史教学的终极目标是追求历史教育的文化价值在现行的课标中作为历史教学顶层设计的指导性文本，对历史课程的表述中均将提升学生的人文素养作为课程目标，这为我们提炼和探究初中历史学科思想提供了课程层面的依据和政策支撑。根据普遍认可的布鲁纳的观点，教学的主要目的是使学生掌握由概括了的基本思想或原理构成的最佳学科知识结构，他还认为每一门学科中都存在着某些广泛和强有力的适应性观念，掌握某一学术领域的基本观念，不但包括掌握一般原理，而且还包括培养对待学习和调查研究、对待推测和预感、对待独立解决难题的可能性态度，这个理论对我们提炼学科思想和探究操作层面的行动策略提供了理论导向。初中历史学科教育可以并且必须提炼学科思想，进一步探究和形成操作层面的若干行为策略，在历史教学的实践中运用相应的教学方法，达成最终的教育目标。我们提炼"人文素养导向的历史教学"作为初中历史教育的学科思想，是基于对历史教育理念和历史教学终极目标的思考和定位的基础上，在教学实践与思考中提炼与总结的。我们基于行动研究而将初中历史教学的终极目标定位于"追求历史教育的文化价值"，这也是多年来在实践与反思过程中不断积淀与思考的结果。文化是一种包含精神价值和生活方式的生态共同体。它通过积累和引导，创建集体人格，初中生处于世界观、人生观和价值观的形成时期，这也是其文化基础结构初步形成的过程性阶段，合理而充分地借助人文课程的平台，对初中生进行文化层面的引导与教育，培养学生对文化的理解与认同，了解文化的精神内涵，是历史学科作为人文科学的教育任务，也是我们对历史学科教育目标的理解与追求。目前的初中历史教学普遍存在着偏重知识传授而轻精神内涵阐释的现象，也可以理解为存在着偏重知识积淀而轻人格（精神）塑造功能、偏重知识建构而轻文化价值引导的不合理趋向。文化价值是社会产物，一个社会的发达程度表面上看是政治态势与经济形态，但归根结底积淀的都是文化价值，一个人的优秀与强大表面上是因其具有卓越的学识与能力，但最终的决定性因素依然是精神内涵与文化心态。我们的历史教学并不可能还原本真的历史，但可以努力使我们的历史课程有助于提升学生的人文素养，塑造健全人格，学会评价历史，以史为鉴。这是我们从历史学科教学的角度对"立德树人"的教育根本目标的理解，也是我们将历史教学的终极目标定位于"追求历史教育的文化价值"的认识基础。

"人文素养导向的历史教学"学科思想的行为模型与行动策略是教师对学科教学过程中出现的普遍性问题进行系统而深刻的思考的基础上，形成的能反映学科教育规律和解决方案的理论思考，这些思考必须在课程实施过程中具体化，形成学科思想在操作层面的呈现，即总结为若干的行动策略。历史教师的价值是在他从事的历史教育的过程中得以体现的，具有学科思想的教学名师不仅能娴熟地应用学科教学的技巧和独特的教学方法，更重要的是他还能将学科思想提炼和设计为行为模型，并形成操作层面的行动策略。基于"追求历史教育的文化价值"的课程目标定位和"人文素养导向的历史教学"的学科思想，我们设计了"读（文本解读）、究（究踪溯源）、悟（生成感悟）、鉴（以史为鉴）"的行为模型，进而为每个行为模型设计了若干的行动策略。

一、"读"——文本解读

我们将"文本解读"作为首要模型，是基于对初中历史的学科特点和认知规律的认识。我们的历史知识均源于不同途径的文本，包括各类文献中的信息，诸如文字、图像、音视频、地图、数据等不同形式的史料实际上也可以看作是不同形式的文本变形，这个认识与《普通高中历史课程标准》提出的"我们对历史的认知主要来源于现有的文献，对文献的文本解读能力是学习历史的基础性要求"和《义务教育历史课程标准》提出的"了解多种历史呈现方式，包括文献材料、图片、图表、实物、遗址、遗迹、影像、口述以及历史文学作品等"的要求相符。另外，从培养符合时代需求的人才角度，信息时代海量信息对学生在信息的搜索、筛选、重组等方面提出新的要求，在对文本资料进行筛选的基础上，按照一定的结构进行知识重组，生成或支撑新的观点，也是知识的再创造；从学习的层面上看，面对知识的迅速更新，借助文本解读拓展学习领域和实现终身学习的能力，也逐渐成为当今时代人才标准的必然。历史的原因，我们的历史研究和历史教学长期以来存在疏于实证意识的现象。我们提出要重视文本解读，希望能借此推动历史教学研究过程中形成力所能及的考据和文献意识，这关乎历史教师的学术素养，也是制约历史教学的关键性因素。我们对初中历史教学中涉及的包括课程标准和教科书等基础性文本、教学要求和考试说明等目标性文本和其他拓展性文本的解读指导，目的是培养学生言必有据的史学素养，学会敬畏事实，同时还要帮助学生学会关注局部材料在整体中的地位，避免断章取义。对学生进行文本解读指导的策略有三：一是文本的泛读与精读策略。对通读性史料文本（教科书和拓展资料中的概述性和补充性文本）进行泛读，有助于学生对历史表象的整体认识，而精读的指向性必须明确，是为生成或印证某种观点，二者在教学实践中合理搭配，是本策略效度的关键。二是以多元的视角解读文本的策略。文本的来源是多渠道的，文献的出版时代、资料版本和呈现形式等因素，还有文本提供者的身份与意图、时代背景和受众对象等因素也会影响解读的视角。三是厘清教科书与拓展文本之间关系的策略。这是一标多本的新课程实施的必然，在历史教学中教师需要提供新史料，创设新情景，提供的文本观点与教科书的内容或相符或相左，我们要指导学生通过文本解读，进行验证和拓展，相互印证、互相补充，还要开展批判性的阅读、辩证解读，拓展思维。

二、"究"——究踪溯源

我们的历史学科知识揭示任何历史现象和社会发展进程均不会是无缘无故的，历史表象均是多维度的社会因素综合作用的结果，都有其复杂且深刻的社会原因，也不可能发生了以后却悄无声息。我们的历史课程应该有助于学生学会对历史表象究踪溯源，增强历史洞察力，这也是历史课程本身的要求。《义务教育历史课程标准》在这方面要求学生要"逐步学会运用时序与地域、原因与结果、动机与后果、延续与变迁、联系与综合等概念，对历史事实进行理解和判断，《普通高中历史课程标准》也相应提出要在初中课程的基础上，"学习从历史的角度去了解和思考人与人、人与社会、人与自然的关系，进而关注中华民族以及全人类的历史命运"。这是我们将"究踪溯源"作为"文本解读"的后续模型与策略的理论依据。在历史教学中以"究踪溯源"为策略，根据不同学段和学习专题设计相应的教学方法，帮助学生在完成历史知识建构的基础上，学会从历史的角度，应用相应的学习方法与历史思维开展探究学习，是将我们的历史教学不断导向培养学生人文素养的一个关键性环节，也是我们对课程标准中的"过程与方法"在认识层面的解读和实践层面的行为模型。如在指导学生对罗斯福新政的影响的学习环节中，以第二次世界大战后的资本主义新变化为起点究踪溯源，溯其因则源自罗斯福新政对国家干预经济的政策，再从资本主义生产关系的调整、缓和社会矛盾等方面进行探究，认识新政形成的自我调节机制对美国及其他资本主义国家的影响，进而从整个资本主义世界的角度，加深对罗斯福新政的历史影响的理解。历史学科作为人文科学，同样基于"究踪溯源"行动策略的思维走向，在初中历史教学中随处可用，《普通高中历史课程标准》实施以来尤其是其倡导的探究学习策略，同样成为我们"究踪溯源"行为模型的应用策略。我们在这方面采用了"基于自主学习基础上的探究学习"策略统领下的学科方法，旨在培养学生的独立思考与批判性思维意识和能力，还为学生学会与不同见解的人开展合作和探究学习创设平台。在这个过程中，我们将教师的指导策略预设为"主持—引发—促进"：创设探究学习环境以"主持"学生的学习活动，关注学生的探究过程；"引发"学生对历史问题的究踪溯源，将学习导向批判性思维和思考；在探究学习过程中适时搭建有梯度的脚手架，"促进"学生的体验与再思考。

三、"悟"——生成感悟

基于对"立德树人"的教育根本任务的认识，我们将历史教学的教育目标也相应定位于有助于帮助学生塑造健全的人格。我们指导学生学习历史的目的不仅仅是帮助他们掌握历史知识，而是要追求历史教育的文化价值。文化作为一种包含精神价值和生活方式的生态共同体，其教育内涵是对学生的精神价值、生活方式和集体人格的塑造与养成，只有将文化的表象与外显元素内化为学生的理念，引导学生学会用历史的视角思考问题，进一步提升为解决问题的能力，才能转化为智慧与文化。在这个转化的过程中，关键性的环节是帮助学生在知识接受和思考探究过程中"生成感悟"。在历史教学中创设平台，帮助学生"生成感悟"的策略有二：一是提供材料引导学生通过文本解读提炼观点，在究踪溯源的过程中生成感悟。如在中国近代史的有关专题学习中，我们依托"近代化探索专题"学习网站，提供中国军民前赴后继抵御外敌、仁人志士不懈探索强国御辱的救国方案等方面的史料，学生在文本解读和究踪溯源过程中，对历史事件的前因后果和历史人物的相关社会行为生成观点，感悟了中华民族英勇不屈的斗争精神，历史教学中的爱国主义教育就不需要再用老师的语言来进行了；二是教师依托对史料的文本解读帮助学生学会质疑、学会反思。我们还可以结合史实引导学生学会结合社会现实，对历史事件的因果关系和社会影响进行反思，帮助学生从历史现象的学习中，积极发现和提出有价值问题。如在上述中国近代探索史专题学习中，我们针对中国近代各阶层提出的救国方案大多没有成功的史实，从他们提出的救国主张对社会发展的积极元素、局限于时代和受制于社会的因素等角度生成问题进行追问，引导学生对不同时期的历史人物提出的救国主张进行比较与评价，帮助学生提升解读历史、感悟表象的意识和能力。《普通高中历史课程标准》要求历史教学要帮助学生"学习从历史的角度去了解和思考人与人、人与社会、人与自然的关系，进而关注中华民族以及全人类的历史命运"，如果我们的历史教学有助于提升学生对国家、民族的历史使命感和对社会的责任意识，有助于学生学会通过历史理解现实，塑造独立且健全的人格，我们的历史教学就关系到为未来培养出什么样的社会人的问题，其文化价值就有了社会意义的载体了。

四、"鉴"——以史为鉴

我们的历史教学引导学生从历史的角度去了解和思考社会问题，进一步帮助学生学会自主地表述和评价过去、分析和感知现在、展望和预测未来，才能"以史为鉴"地关注社会发展。司马迁以"究天人之际，通古今之变"成一家之《史记》，旨在总结古今成败得失的经验教训，其以史为鉴的治史攻略，依然是今天的我们依托初中历史教学，以提升学生的人文素养为策略，追求历史教育的文化价值的目标归宿。治史至"以史为鉴"的高度不是初中历史教学所能轻易企及的，我们仅能从较为直接的层面预设教学策略：一是帮助学生在认识历史发展基本脉络的基础上，通过历史事件的背景与原因、影响与作用等社会因素，理解历史发展的必然性与偶然性，学会感知和认识历史发展的规律，进而学会整理和分析历史规律和社会发展的趋势。二是指导学生应用学习历史的方法，分析他们关心的社会现象和社会问题，理解现实生活和社会发展的联系。如通过对历史上治世与乱世的学习与探究，领会在社会发展过程中国家统一、社会安定的价值；对世界近现代史之国际格局变化的学习与探究，领会科技发展于大国崛起之权重，理解实施科教兴国对中国和平崛起的意义……这些理解与感悟对于高中生虽然仅仅是书面的文字或语言的表述，但是通过分析历史而获得的感悟，以及在这个过程中汲取的智慧和人生经验，都可以在其未来成为社会主流力量时学以致用，回馈现实。

第二节 对教学行为的总结与思考

探究学科思想和教学策略与方法的意义，在于依托历史课程培养初中生的人文素养，促进现代公民的文化素养提高和文化价值的社会认同。人文素养是人的内在品质。我们对历史课程的学科思想和教学策略与方法的探究活动，旨在依托初中历史课程以提升学生的人文素养，这是我们的出发点，也是直接且明确的目标。人的文化创造能力对创造社会文化价值具有重要意义，初中生是社会主流力量的后备资源，他们的人文素养和文化价值观必然是后学习时代的社会文化品位的群体因素，这也体现了历史教育对社会发展的正态推动和可持续发展的意义。

在初中历史教学的行动研究中预设和验证行为模型与行动策略。将教学目标提升至人文素养与文化价值的教育高度，是我们的探究活动的归宿。初中教师的教育科研活动因其学科教学目标的一般化定位，同时受理论高度和学术视野的制约，决定了我们的探究活动基本上处于操作层面的行动研究。由于初中教师对掌握历史知识与增长人类的社会智慧，进而体现文化价值这几个认知层面的理解，还有对整体的教育目标和局部的教学行为之间的离异性与趋同性的认识等方面，都在客观上存在着理论层面的认知断层、实践环节中预设目标和实际效度的偏差等现象，这些现象都是正常且具有普遍性的。在初中历史教学的行动研究中预设行为模型与行动策略，通过实践验证其效度与可行性，是我们探究活动的意义所在和理论归宿。初中教师在课程实施过程中，通过不断实践、总结与反思，得以呈螺旋式反复而逐步提升。如古代中国经济专题的教学中，教师指导学生通过古代中国的农业经济、手工业经济与商业经济及经济政策的学习，掌握其基本的经济结构与特点，这是一般意义上的历史教学任务。如果我们要将其提升到人文素养与文化价值的高度，还得进一步设计另一个维度的教学环节，引导和帮助学生从农业经济与农耕文明，农业社会与文化发展等方面开展学习探究。我们在历史教学的实践中，依托课堂教学和综合实践活动开展学科思想的提炼和验证性实验，在教学方案的设计与论证的环节上，对可能出现的偏差做出预见性的假设，并预设相应的应对策略与方法，持续循环地修正与提升，才能实现初中历史学科思想和教学策略与方法在操作层面上的良性运作。

第三节　历史教学中如何培养核心素养

历史以基本史实为主，如果不能形成有效记忆，就等于没学。在学习基本史实的基础上，教师应引导学生形成正确的情感态度和价值观；注重培养学生健全的人格、良好的理智、道德情感和审美情趣；注重弘扬民族精神。很多学生很认真，很努力，但学习成绩却不理想，出现了学习困难，我想这与他们的学习方法不当有关，教师要培养学生正确的学习方法。初中生知识储备不足，比较感性，在历史评价这方面是比较薄弱的，很多学生还停留在"好人""坏人""好事""坏事"的浅显、稚嫩层面上，因此培养他们正确的历史评价方法就显得很有必要。

学科核心素养是学科育人价值的集中体现，带有鲜明的学科特色，依托于具体学科的知识体系，是学生学习该学科之后所形成的、具有学科特点的思维品质和关键成就。历史学科素养是人文素养的重要组成部分之一，是学生在接受历史教育过程中逐步形成的基本知识、关键能力和方法、情感态度和价值观等的综合表现，是学生通过历史学习能够体现出的带有历史学科特性的品质。对历史学科核心素养的探究，对教学实践有着巨大的推动作用。具体到初中历史，我认为其基本的核心素养包括：基本的史实、情感态度和价值观、学习方法和对人和事的评价等。

一、基本的史实

初中历史以基本史实（包括时间、地点、主要人物、简单经过、结果和影响等）为主，如果不能形成有效记忆，就等于没学。所谓的"运用""发挥"也是建立在记忆的基础上，没有基本的记忆，哪来的"运用""发挥"？所以，基本史实的掌握是初中历史学科的首要素养。很多人认为历史考试反正是开卷，到时候随便抄抄就行，没必要再去记忆，这种想法大错特错。的确，历史是开卷考试，但是绝大部分题目是运用题，需要在熟练掌握书本知识基础上加以综合分析，这样的题目指望临时抄书是不可能的。即使填空题能查到，如果每题都查看书本，也非常浪费时间。退一万步说，即使每题都能在书本上找到答案，通过抄书考了满分。但是书本一合，什么都不知道，那其实还是为零。总不能在别人问你"秦始皇巩固统一的措施有哪些""一战爆发根源是什么"时，你说我先去查查历史课本去，那你和没学过历史又有什么区别呢？所以不管是开卷还是闭卷，学生都应该要熟练记忆基本的史实，这是最基础的，这与素质教育并不冲突，素质教育并不是说就不要记忆。很多时候，学生不愿背诵和记忆只不过是拿素质教育作为自己偷懒的幌子而已。当然，死记硬背不可取，我们主张有意义地学习，在理解基础上记忆。

二、情感态度和价值观

在学习基本史实的基础上，教师应引导学生形成正确的情感态度和价值观；注重培养学生健全的人格、良好的理智、道德情感和审美情趣；注重弘扬民族精神。传统的应试教育过于注重对学生知识的传授，只要学生学得好、分数高、成绩好，就足够了，就自然是一名优秀的学生，而忽视了对学生情感态度和价值观的培养，这样的教育是狭隘的、功利的，甚至最终是失败的。这样的教育方式，学生在某种程度上沦为了学习考试的"机器"，学校则变成了"流水线生产"的"工厂"，于是培养出来的"人才"，大都高分低能，缺乏健全的人格和良好的理智及道德情感；缺乏较高的审美情趣，缺乏发现美、欣赏美、创造美的能力。这样的人才难道就是我国社会主义建设所希望的人才吗？答案显而易见。所以，培养学生正确的情感态度和价值观也是历史学科的核心素养。有人可能会担心德育、美育等会分散学生的精力，对智育的开展造成负面影响。其实大可不必，一个拥有健全人格、良好品德和审美情趣的学生更能理解学习的重要性，更能从学习中感受到快乐与"美"，会更加地热爱学习。所以德育、美育的开展不仅不会阻碍智育的开展，还能起到很好的促进作用。

在历史教学（当然包括其他科目的教学）中，教师在传授知识过程中应该有计划有意识地加强"德育"和"美育"，培养学生的爱国情感、民族自豪感，培养学生健全的人格、良好的理智、道德情感和审美情趣。比如在讲述中国古代傲人的科技成就时，教师要让学生充满着赞叹，进而使学生深切地感受到：中华民族从来都是一个充满智慧和创造力的民族，我们应该为自己是中华儿女感到骄傲和自豪；在介绍古代汉字字体的演变及书法艺术时，教师要结合各种书法作品，让学生真切体会到书法的美；在介绍《史记》时，教师可以选取其中的名篇，展示给学生欣赏，让学生认识到《史记》不仅是一本史书，还是一部语言优美的文学作品；讲述到张骞出使西域、玄奘西游天竺、鉴真东渡日本等史实时，教师要让学生从这些人物的经历中，感受到他们不畏艰辛、勇于开拓进取、百折不挠的人格魅力；从文天祥和史可法的宁死不屈中，感受到舍生取义的浩然正气；从长征中感受到红军战士不怕吃苦、不惧艰险的革命乐观主义，勇于战斗、无坚不摧的革命英雄主义；从近代中国人民反侵略的斗争史中感受到：中国人民具有一贯的爱国主义热情。这些精神都是中华民族民族精神的内涵，是我们必须继承和发扬的，是鼓舞着中华民族向前发展的不竭动力。

三、学习方法

在教学实践中，我们经常会发现很多学生很认真，很努力，但学习成绩却不理想，出现了学习困难，我想这与他们的学习方法不当有关。所以，有效的学习方法也是历史学科的核心素养之一，教师要培养学生正确的学习方法。如自学法，对于一些比较简单的知识点（如对于某个朝代的建立者、建立的民族、建立时间和都城），教师可以让学生自己阅读教材，自己得出答案，这样既可以锻炼学生的自学能力，还能引起学生的注意力，加深印象。归纳、总结法，教师可以给出一些材料，让学生分析材料，归纳总结出结论，这比平铺直叙效果要好得多，能有效激发学生参与课堂的兴趣，还能培养学生分析史料的能力。如对于魏晋南北朝时期南方经济的发展，教师可以展示汉朝、南朝时南方经济发展的情况，学生很容易看出：汉朝时，南方经济比较落后，南朝时南方经济发展较快。对于南方经济发展较快的原因，最好的教学方法是合作谈论法，教师让学生在一起谈论，然后选出代表回答，这可以让更多的学生参与到历史课中，还能培养学生的团队合作意识。教师要注重培养学生的创造性、独创性和发散性思维，多设计一些富于启发性的问题，告诉学生没有标准答案，积极鼓励学生从不同角度、不同立场思考问题，并勇于说出自己的观点、发表自己的见解，有时候我们还需要一点"标新立异"的精神。相比较"一家之言、一家独大、一个声音说话"，"百家争鸣"更有利于学生的自由发展，更容易迸发出思想的火花，更能激发他们的创造性。也许有时候，他们的想法很幼稚甚至是可笑，但这都不要紧，只要他们勇敢地表达了自己，教师都应该给予肯定。当然，鼓励自由表达，并不代表可以随便或是漫无边际地胡编乱造，教师要明确：表达应该以史实为基础，尊重历史，所有的观点要有史实作为支撑。学生表达后，教师应该做最后的总结，分析学生表达的精彩和不足之处，鼓励他们继续努力，形成自觉发言、敢于发言的好习惯。

四、对人和事的评价

历史涉及很多著名的人物和重大历史事件，对它们的正确评价是历史学科的核心素养之一。初中生知识储备不足，比较感性，在历史评价这方面是比较薄弱的，很多学生还停留在"好人""坏人""好事""坏事"的浅显、稚嫩层面上，因此培养他们正确的历史评价方法就显得很有必要。

一分为二、全面客观、不先入为主、不戴有色眼镜、结合史实、不凭借主观臆断是历史评价的基本方法。比如，对于曹操，人们深受文学作品和影视剧的影响，认为他就是一个奸诈的小人，这就形成了先入为主的刻板印象，这对学习历史是有害的。其实，我们只要结合史实，就会发现曹操是东汉末年雄才大略的政治家。他击败袁绍，统一了北方，实现了大范围的局部统一；招抚流民，大兴屯田，对北方经济的恢复和发展具有十分积极的作用，推动了历史进步。当然，曹操确实有凶残、奸诈的一面，但他统一北方之大业是主要的方面。所以我们评价曹操是一位杰出的政治家、军事家和诗人。再比如说，对于秦始皇,我们也不能简单地说他是一个好人还是坏人,要从他的功过来全面评价他。他统一了中国,结束了春秋战国以来长期的诸侯割据混战局面,开创了专制主义中央集权制,为后世历代王朝基本沿袭,影响深远;他统一货币、度量衡和文字,促进了各地经济文化交流与发展。这是他的功绩。当然秦始皇也有过失,如大兴土木、滥用民力、徭役繁重、赋税沉重、刑法残酷等。但是,秦始皇的功绩应该是主要的方面,所以他不失为千古一帝。再比如对于殖民侵略,人们通常认为其促进了欧洲资本主义的发展,但却给被殖民的国家和地区带来了巨大的灾难。但我们不得不承认殖民侵略在伴随着血腥和暴力的同时,也传播了资本主义先进的生产方式和自由、民主等进步的思想,在客观上推动了被殖民国家和地区的近代化进程。

总之,培养与发展学生的历史核心素养绝非一朝一夕之事,必须靠一线历史教师在观念上更新,在专业上提升,在教学中渗透,在日常生活中积累,唯其如此,才能真正培养学生的优秀品格与创新能力,使学生得到全面发展。

第四节 初中历史教学中培养学生的创新能力

众所周知,新课程标准把培养学生创新能力和创新精神作为各科教学的重要目标。培养青少年学生的创新能力和创新精神,理所当然地成为教育的重要任务之一。中学的历史教学,从培养学生创新精神方面来说,其地位的重要性是不言而喻的,也是其他学科所不能取代的,要做好历史学科的教学工作,中学历史教师要改变落后观念,进行大胆创新。在初中历史教学中如何培养学生的创新能力呢?

毋庸置疑,初中历史教学要体现以学生为主体、教师为主导的教育方式,致力于学生创新意识的培养。创新是以新思维、新发明和新描述为特征的概念化过程。创新是人类特有的认识能力和实践能力,是人类主观能动性的高级表现形式,是推动民族进步和社会发展的不竭动力。一个民族要想走在时代前列,就一刻也不能没有理论思维,一刻也不能停止理论创新。我们要实现"中国制造"到"中国创造"的转变,培养创造型人才是国运兴盛的关键。

一、营造氛围,培养创新意识及探究问题意识

以往的教学一味地以老师设计教学方法让学生向"标准答案"上靠,往教参材料的圈

子里钻，这会使学生在学习中没有主动性和独立思考的机会，禁锢了学生的悟性灵性。爱因斯坦说过：宽松自由的学习气氛不知要比依靠呆板的训练、夸大的权威和沽名钓誉的教育好多少倍。因此，营造一种融洽、平等、民主、和谐、宽松的师生关系，这是培养学生创新能力的前提。历史课堂教学体现以学生为主体、教师为主导的教育方式，给予学生较大的思想、行为的自由度，使学生增强自主意识，学会独立思考、自由表达、自我评价，促进自我发展。民主、宽松、和谐的气氛能够最大限度地发挥人的创造才能。例如：在讲述抗日战争爆发时，我首先运用多媒体形象具体地再现"卢沟桥事变"的情景，并结合绵阳的宋哲元将军墓，激发学生热爱本土历史资源的激情，使学生通过形象受到感染，强化爱憎情感，从而培养学生的创新欲望。

不少教师在教育理念上，墨守成规。在他们看来，历史教育就是帮助学生记住教材中的历史知识，学生能在考试中获得好成绩。因此，在这种理念的支配下传统的"满堂灌""填鸭式"教学盛行一时，这严重挫伤了学生的创新思维。我们不能够专注于学生记住了多少历史知识，而要注重学生对史料的探究，多方设问，加强引导。例如：在讲宋金对峙时，引用岳王墓上的对联"青山有幸埋忠骨，白铁无辜铸奸佞"，提出谁是害死岳飞的真正凶手。学生们由窃窃私语到激烈讨论。很多学生认为是秦桧，有些学生则提出害死岳飞的应是宋高宗赵构，因为岳飞迎接二圣还朝会危及赵构的皇位。看到这样的情形我心中窃喜，这不就是创新意识、能力的培养和提高吗？我就势要求同学们自己去查资料、看书籍，自己去找结论。为了解决这些问题，学生必然会去了解这一时期的基本史实，在分析史料的基础上，找到答案。孩子们还提出了一些意想不到的问题。我及时鼓励学生的提问，并长期坚持这种教学方法。这不仅使学生轻松地掌握了历史知识，更锻炼了学生从不同角度来分析、探究问题的能力。

二、要反思与对话，要活学活用地掌握知识

给学生留有想象的空间，就是不再单纯地让学生记忆并储存历史结论，而是结论与形成结论的过程并重，这一点也是新课改所要求的。新教材在这方面给师生们留下了较大的思维空间。例如，《洋务运动》这一课，新教材有意识地留下了对洋务运动的评价不写，却通过课后结合史实、谈谈你对洋务运动的评价的练习题把这个问题提出来。这就需要教师与学生通过教学过程，通过对历史事实的分析、综合、比较、归纳、概括等认知活动来得出历史的结论，从而培养和训练学生的历史思维能力，提高学生分析问题和解决问题的能力。类似例子有许多，历史教师必须借此在课堂教学中引导学生探究形成结论的生动过

程，在过程教学中培养学生思考历史、诘问历史、评判历史的方法和能力，以激发学生学习的主动性和创造性。

初中历史学科的教育，少不了要求学生熟记一些历史事件和历史事实。但在这个过程中历史教师应如何教会学生去熟记这些历史知识呢？不少初中历史教师在新课结束之后，时常指定出一些知识点或重要的历史事实让学生在课后进行死记硬背，并且要求学生在记忆某些历史知识时要做到一字不漏、一字不错。诚然，让学生记得较多的知识点，掌握一些基本的历史史实，是保证学生学好历史学科的一个必要前提。一般说来，学生对历史史实掌握得越多，他们在学习的过程中及运用的过程中越显得得心应手。但是，如果仅仅是强制性地让学生通过死记硬背来掌握历史知识，倒不如教师的系统讲解及对历史知识的系统分析，让学生充分地理解历史知识，在理解的基础上通过拉线索、做对比、找相似等各种方法对历史知识进行灵活记忆和掌握。这样一来学生对历史知识的记忆就是系统的、灵活的，可以保证学生在运用知识的过程中做到举一反三，灵活运用。

三、鼓励学生大胆质疑，培养学生问题意识

问题是科学研究的出发点，是开启任何一门科学的钥匙。没有问题就不会有解释问题和解决问题的思想、方法和知识。所以说，问题是思想方法、知识积累和发展的逻辑力量，是生长新思想、新方法、新知识的种子。提出问题是学生思维活动的开始，有利于启迪学生的创新潜质。爱因斯坦曾说过：提出新的问题、新的可能性，从新的角度去看旧的问题，却需要创造性的想象力，而且标志着科学的真正进步。在教学中，教师应经常鼓励学生遇事多问几个为什么，为什么是这样，可不可以那样；鼓励学生从多角度、多层次、多方面大胆地提出问题，不唯书、不唯上；鼓励学生发表与别人不同的见解，敢于打破"常规"，敢于标新立异，引导学生把学习过程变成发现问题、提出问题、分析问题和解决问题的过程。只有善于发现问题和提出问题，才能在此基础上思考和寻求解决问题的方法。没有强烈的问题意识，就不可能激发学生认识的冲动性和思维的活跃性，更不可能激发学生的求异思维和创造思维。对于历史题材的作品及教材内容的正确性、历史人物和历史事件的评价等，教师都可鼓励学生敢于质疑，甚至要带头质疑。例如在学习《三国鼎立》时，对于一代枭雄曹操，我先请同学介绍自己所知的与曹操有关的故事，然后再请同学对其进行评价。很多同学对三国的历史很感兴趣，对《三国演义》都或多或少有所了解。于是，他们对曹操的评价多为"奸诈""狡猾"。然后我对这些同学的观点提出了质疑，认为这些都是站在刘备的角度来看待曹操，而没有站在社会历史发展的高度来审视，并请同学

们联系三国前后的历史知识，找证据来证明曹操对中国历史有很大的贡献。同学们立即来了兴头，各抒己见：有的同学肯定了曹操统一北方对北方经济的恢复和发展起了积极的作用；有的同学翻看两晋历史后，认为曹操奠定了西晋统一的基础；还有的同学认为，曹操能礼贤下士、善于用人，统治下的魏国是三国中最强大的一个，是个英雄。在教师的鼓励和引导下，同学们展开了思维的翅膀，思维能力和方法得到了锻炼，课堂效果自然不错。

爱因斯坦说：提出一个问题往往比解决一个问题更重要。因为解决一个问题也许仅仅是一个数学上或实验上的技能而已，而提出新的问题、新的可能性，从新的角度去看旧的问题，却需要创造性的想象力，而且标志着科学的真正进步。因此培养学生的质疑能力，可大大提高学生的创新素质，是实现素质教育的有效途径。如在学习《鸦片战争》一节时，同学们面对中国的落后，就会联系到曾经强大的中国，自然就会去想这时的中国为什么落后了。教师通过知识与生活印象差异的冲突，引导学生质疑。我们还可以对某部分内容相似、相关或相反的知识进行比较来引导学生质疑。通过类比能发现事物之间的共同点；通过对比能发现事物之间的不同点；通过横向比较可以找到事物彼此的异同；通过纵向比较可以找到事物的前后变化。

四、要大胆运用现代教学手段，处理好传统教学手段与现代教学手段的关系

在这个问题上，我们既要讲继承，又要讲发展，对传统教学手段不能一概否定。实际上，我们的历史教学更常见更多的是使用传统教学手段。运用电化教学，有形有影有声，入眼入脑，活泼感人，这是创新；站在讲台上，一本书，一根粉笔，或加一幅图，娓娓道来，深入浅出，师生心灵感应，产生情感、意识上的共鸣，这也是创新。创新的关键不在表面，而在实质。当然，我们不能以此为"满堂灌"辩护，"满堂灌"窒息了学生的思维，挤压了学生的活动空间，只能是一种被动式、保守式教学，与创新毫不相干。不过，我们历史教学工作者有必要在传统与创新的结合上做好文章，使自己的教学更趋完美。我们不能固守传统教学方法，排斥先进教学手段，而应该使二者有机结合，相得益彰。从不使用电化教学手段的，可否试它一试？课堂气氛过于沉闷的，可否注入一些新鲜空气，启疑、激疑、释疑，让教学过程充满思辨性、挑战性、生动性呢？

五、精心设计练习，促进创造性思维的拓展

练习是学生理解知识、运用知识和形成技能必不可少的重要方面。科学有效的练习

能提高学生的创造性思维，锻炼学生的创造性思维，又培养了学生综合分析问题的能力和动手能力。

历史教学不仅学习历史长河中的史实，而且要通过对史实的学习，培养学生对历史和现实的分析能力，从而培养学生的创新技能。指导学生应用历史的唯物主义观点分析问题，掌握分析问题的方法。培养学生运用史实，论述、说明问题的能力。学会在分析问题的过程中得出概括性总结。教师要培养学生的思维方法、总结方法和逻辑思维能力，学会分析问题，总结概括实质。利用多媒体展示教师和学生收集的历史素材，使陈旧的历史知识可以如图如画地呈现在学生面前，从而激发他们的学习兴趣，感受历史天空的魅力。

历史课程在培养学生顽强生存与积极面对生活挑战的毅力方面，能帮助学生借助历史来认识现实社会各种现象，理解不同生活方式的历史文化背景，正确鉴赏各具特色的人文历史景观，从而学会生活，并能积极主动地创造健康向上的生活。培养学生坚强的意志品质应该是历史学科的优势。人类历史上科学技术的重大发明很多都是经过科学家的艰辛劳动和无数次的失败才创造出来的。另外，通过讲述无数革命先烈艰苦卓绝的斗争，在经历无数次探索和失败后，中国革命才取得成功等史实，都能让学生心灵深处产生震撼，使他们的心灵得到升华，逐步具有坚强的意志品质。

综上可见，学生创新意识的培养，贯穿于教学的整个过程，有利于打破思维定式，训练思维的灵活性，开发学生的智力。只要我们在教学中转变角度、转变角色，从单纯的教学传授者变为教学活动的指导者、引领者，以科学的方法训练学生，学生的创新意识就会逐渐形成，创新能力就会不断发展提高。

第五节　历史教学中学生理性思考能力的培养

培养和发展学生的思维能力，是当今教学的重大课题。作为中学基础学科之一的历史学科同样也面临这一问题。但是，长期以来人们对历史学科有一种传统的偏见，即认为历史是一门知识性学科，学习历史就是记住一些年代、人物、事件，只要死记硬背就能学好历史，根本谈不上什么思维能力。于是，从初中到高中凡是历史课往往就是老师讲述、重复历史史实，到考试时学生将其背出完事。而时间一长，学生充其量只能零敲碎打地回想起一点历史表象。但是，时代在进步，当今社会已经对教育提出了更高层次的要求。如果在历史教学中尤其是在初中历史教学中不能完全摒弃对历史学科的传统偏见和教学观念，不能切实把能力培养摆到突出重要的位置上，依然抱着旧的教学模式，恋恋不舍，那么教学水平必将停滞不前，会被不断发展的教学改革形势所抛弃。历史教学中培养学生的思维能力，就高中阶段而言其核心和关键就是培养学生的理性思考能力。历史的理性思考，是指在历史唯物主义和辩证唯物主义理论指导下，在感知了具体的、丰富的史实之后对这些历史事实进行分析、综合、概括、比较、评价，从而得出具有科学抽象性、概括性、哲理性的结论的思维过程。

一、初中历史教学中学生理性思考能力的内容

（一）分析能力

所谓分析就是把史实分解为时间、地点、原因、过程等历史要素，从具体到抽象准确认识每一要素的本质特征，并由此认识这些分解体之间的关系和在整体中的地位。在进行分析时，除了时间、地点外，首先分析其产生的原因。以分析英国资产阶级革命为例：17世纪40年代，英国资本主义发展起来后，资产阶级队伍日益扩大。农村中的新贵族和城市资产阶级在议会下院中占有越来越大的优势。他们力图通过议会来维护自己的利益，这就不免与王权发生矛盾。封建的斯图亚特王朝在政治上压制资产阶级，在经济上也对资本主义工商业的发展设置种种障碍。于是矛盾就显而易见了：一方是封建势力，一方是资本主义势力；一方是相对落后的生产关系、生产力，一方是先进的生产关系、生产力；一方要发展，而另一方却不肯轻易地退出历史舞台。这种矛盾不可能通过和平方式解决，必然通过激进的革命、你死我活的战争。于是"斯图亚特王朝的专制统治阻碍了资本主义的发展"成了英国资产阶级革命的根本原因。如果用抽象的、哲理性的文字描述即落后的生产关系阻碍先进生产力的发展，革命的时机就到来了。英国资产阶级革命的过程大致是：政治斗争—内战—共和国时期—斯图亚特王朝复辟—资本主义君主立宪确立。

（二）综合能力

所谓综合就是在分析的基础上运用一定的史论概念、观点和方法，将零乱的历史材料组成一个有机整体。例如：在学完了中国近现代史后，学生可以将各个阶段统治者的外交情况按照其特征综合成一个有机的整体，即中国近现代史上的对外政策：清政府屈辱外交：妥协、投降、卖国政策；北洋军阀政府卖国外交：袁世凯、段祺瑞出卖国家主权；蒋介石政府以卖国为主：对日"不抵抗—自卫抵抗—消极抵抗"，对美国出卖主权，发动内战；中华人民共和国独立自主外交：和平共处五项原则，对外开放。通过这种综合我们可以得出一个结论：只有在维持国家主权前提下的和平外交才真正有利于国家的发展，有利

于人民的生活。综合一定是在详尽、精确地占有史实后进行的。

（三）概括能力

所谓概括就是把诸历史要素本质的共同属性结合起来以反映该史实的根本属性。以概括西欧最早的资本主义萌芽这一历史概念为例：资本主义萌芽产生的直接原因是商品经济的发展，这种为交换而产生的经济形式在许多社会形态中都存在，因此商品经济不是资本主义萌芽的特征。从产生的过程看，虽然途径不同，但都初步形成了雇佣关系。从产生的组织形式看，两个阶段都以雇佣劳动为基础。把上述诸历史要素的共同属性结合起来，就概括出根本属性：欧洲最早的资本主义萌芽是以雇佣关系为基础的资本主义生产关系的最初形态。

（四）比较能力

所谓比较就是确定被比较史实的共同点和不同点。进行比较时，我们首先要确定比较项，然后逐项比较。例如：美国历史上的独立战争和南北战争，从性质上看都属于资产阶级革命的范畴，都对美国资本主义的发展产生了深刻的影响。但是各自的表现形式、斗争对象、历史影响又不尽相同。独立战争既是一场资产阶级革命，又是一场民族解放运动；它斗争的对象是英国殖民势力；它的影响是使美国赢得了国家独立，为资本主义发展开辟了道路。南北战争是一场较完整的资产阶级革命；它斗争的对象是黑人奴隶制度；它的影响是为美国资本主义进一步发展扫除了障碍，并促使美国工业产值于1894年跃至世界第一位。通过比较我们可以对两件事物有清晰的、本质的了解。培养学生的比较能力，最主要的是训练其如何确定比较项。

（五）评价能力

所谓评价是指评价者为历史的主人，根据一定的目的、任务和要求，选择科学合理的客观标准，对历史上的人、事、物或者史学上的有关问题或矛盾做出公正的价值判断，提出自己的见解、探索方案或建议。

二、初中历史教学中培养学生理性思考能力的方法

（一）学习理论

学习理论，即学习历史唯物主义和辩证唯物主义理论。就中学生而言，应该让他们

学习的历史理论主要有：生产力和生产关系的矛盾、经济基础和上层建筑的矛盾构成人类社会的基本矛盾运动，这是社会发展的动力，而生产力和生产关系的矛盾运动是社会发展的最根本的动力。科学技术是第一生产力，社会进步最根本的标志是生产力的提高。人民群众是历史的创造者，杰出人物对历史发展有重要影响。人类社会是在矛盾中前进的，主要矛盾和次要矛盾在一定条件下可以相互转换。这些理论虽在中学教学中归属政治课的范畴，但它们是历史理性思考的根本依据，所以有必要再进行介绍。当然，学习理论并不是生硬死记，而是通过两步走让这些理论内化为学生自己的东西，为在学习历史过程中进行理性思维服务。第一步，让学生对照理论在现有教材中找到这些观点。如对照"科学技术是第一生产力"这一理论，学生找到教材中英国工业革命的内容和第二次科技革命帝国主义的形成的内容与之相配。第二步，不看教材，让学生用尽可能多的现有史实来论证这些观点。

（二）感知史实

培养学生理性思考能力最重要的基础是让学生感知丰富的史实及补充信息，让学生很自然地学到论从史出这一科学的方法。史实首先是课本上的，不过更大量的是课本上所没有的，但又与课本知识有着紧密关系。这就需要教师平时进行积累，也可以发动学生到报刊、杂志上去收集，实际上，学生在收集资料的过程中已经渗透了一定的理性思考。例如：在讲空想社会主义这一内容时，教师补充了大量的圣西门、傅立叶、欧文的言论及他们为建立社会主义而做出的行动的史料。然后，教师让学生概括出空想社会主义者思想的主要特征，进而分析出他们的想法无法实现的原因。在没有感知丰富史实的前提下，学生很难得出抽象的、理性的结论，如果有也只能是无本之木，缺乏说服力和科学性。

（三）提出问题、讨论问题

提问是激起学生理性思维的最好方法。讨论是让学生进一步完善自己的想法、观点的有效途径，又是激发学生乐于研究和探讨历史问题的兴趣，确立历史意识和责任感，养成历史地思考和处理问题的习惯，从而摆脱在历史面前的被动地位，成为历史的主人的极佳渠道。在初中历史教学中教师应精心设计一些思考性强的问题，穿插于讲课之中，从而培养学生的理性思维能力。如评价拿破仑的问题，如在讲完《戊戌变法》后教师让学生讨论中国的百日维新与日本的明治维新的相同点和不同点。这些问题都是源自教材又高于教材，学生通过理性思维来"跳一跳，摘果子"。

（四）得出结论、检验结论

讨论的目的就是要尽可能让学生自行得出具有抽象性的、哲理性的结论，这实际上就是理性思考的过程。得出的结论可以由教师对其进行检验，也可以引导学生自己对照历史唯物主义、辩证唯物主义理论进行反复检验，这样可以进一步加深印象。从学习理论，感知史实，就具体问题进行讨论，到得出结论并检验，按照这样的方法进行坚持不懈的训练，学生历史理性思考能力必将有一个比较大的提高。

第六章

初中历史教学方法创新策略

第一节　对当前初中历史课堂教学的思考

要想使智能培养真正达到素质教育的目的，我们应该从进一步改进课堂教学入手。在思想教育方面，总体看来其在历史课堂上落实不够是个普遍现象，当然学科的思想教育的阵地作用也就远未得到充分发挥。形成这种情况的原因，与应试教育有直接的关系，历史教师应引以为戒，在今后的教学活动中应予以重视和进一步改进。

一、历史教学反差

（一）在知识传授方面

一是在贯彻整体知识结构的教学方面，教师应注意从总体上把握教材的基本结构和发展脉络，尤其还要重视对内容的深广度做出恰如其分的规定，便于自己有的放矢地教学；二是要重视学生知识结构的转化，即将教材的基本知识结构转化为学生自己的认知结构和学习能力。

（二）在学生的智能培养方面

要想使智能培养真正达到素质教育的目标，应从进一步改进课堂教学入手：一是教师应留出更多的时间，让学生自己去阅读教材、思考问题，并进行思辨性的讨论；二是教师讲授的侧重点应从以历史过程为中心转向以历史发展的逻辑联系为中心；三是历史教学要联系实际，要谈古论今，发挥历史的明理、鉴今、育人的作用。

（三）在思想教育方面

在历史教学中要着重突出爱国主义教育和民族自尊心及民族自豪感的培养；注重审美观、世界观和社会发展规律的教育。

二、教学方法方面

很多教师在教法的使用上仍然是传统的单一型，即以讲解法与讲述法结合为主，学生的积极性调动很不够，突出的是教师的主导作用。我们提倡的教学指导思想是启发式教学。教师应当根据不同的教材内容和学生的实际情况，采用不同的教学方法，尤其要重视学生的主体地位的体现，充分调动学生的学习积极性和主观能动性，让学生主动地去学，而不是被动地接受，并且要教会学生分析历史人物、事件的立场、观点，引导学生去掌握良好的学习方法，从而使学生更好地去掌握知识、运用知识和驾驭知识。

三、教师教学基本功底方面

（一）历史教师的知识结构问题

中学历史教师应具备扎实的专业基础和完善的知识结构，这直接影响到教学的深度和广度。这个知识结构应当包括三方面：一是要有贯通古今的通史知识结构；二是要有熟悉中外的全球史知识结构；三是要具有超出史学范围的多学科的知识结构。

（二）历史教师的语言问题

历史教学以其学科的特点，对教师的语言也有相应的要求：一是既要生动、具体，又要准确、无误；二是既要通俗易懂，又要有时代性；三是既要有文采，又不失质朴风格；四是既要逻辑严谨，又要有节奏感。但要达到上述要求，教师必须重视教学语言的培养和训练。

（三）历史教师的板书、板画问题

板书是历史教学的重要组成部分。教师设计板书的过程，既是一种教学艺术再创造的过程，又是教师对教材分析、把握、浓缩和转化的过程。关于板书的要求、形式等，这里不做阐述，只想说明的是关于板书的书写时间问题，这是个容易被忽略的问题。恰当的书写时间是在教师说完某一知识后，再掉转头去板书，而非边说边写板书。笔者只想谈谈自绘地图，这是历史教师必备的基本功。可惜在教学实际中，其落实情况是不尽人意的。故笔者建议历史教研指导部门，应加强对教师自绘地图的基本功的监督和指导。

四、确立学生主体地位

学生是认识活动的主体和学习的主体。在教学活动中，学生知识的掌握、能力的培养和思想品德的提高，都必须通过自身的主观努力才能达到。新课程倡导学生的主体作用，"让课堂充满生命活力，让学生成为学习的主人"已经成了广大历史教师的共识。新课程下教师的角色确实发生了变化，由单纯的知识传授者和灌输者向教学活动的组织者、帮助者和合作者转变，但是教师的作用不但没有削弱，反而应该加强。这是因为，在长期的接受式的教学中，学生接受的常常是教师和书本提供的现成的结论。而新课程提倡学生自主学习、探究性学习，但这种"自主与探究"由于学生的知识经验、智力水平远不成熟，学生有时会不知所措，需要指导、点拨和帮助。初中阶段学生们所获得的历史知识是有限的，辩证的思维能力不强，有些观点难免会出现偏差。这个时候的教师就是学生的引路人，把他们从偏执引向正轨。

因此，在平常教学中，教师除了创设丰富的教学环境、激发学生的学习动机、提供便利为学生的学习服务外，更应该指导学生形成良好的学习习惯、思维方式，掌握学习策略，同时与学生分享自己的想法和情感，与学生一起去寻找真理，真正成为学生学习的向导。

第二节　历史课堂教学中的导入技巧

特级教师于漪说：在课堂教学中要培养激发学生的兴趣，首先应抓住导入新课的环节，一开始就把学生牢牢地吸引住。新颖独特的导入能先声夺人，激发学生渴望追求新知的心理，激发他们学习历史的兴趣，从而为上课提供良好的氛围和心理条件，让学生愉快地走进历史课堂，愉快地接受历史新知，愉快地完成学习任务。因此，课堂引入时，教师联系教材和学生实际，用丰富多彩的形式来缩短学生与教材之间的距离，使学生顺利进入课堂的学习。那么在历史教学过程中，都有哪些导入方法呢？在此我将结合自己在历史教学过程中一些教学导入技巧做一些介绍。

一、诗词导入

诗词是一种精练、生动、优美的文学形式。利用集中反映历史事件发生的背景和时代特征的诗词导入新课,不仅能使学生更深刻地了解历史事件的前因后果,而且有助于激发学生的学习兴趣。例如,在讲《甲午中日战争与列强瓜分中国狂潮》一课时,我就可以给学生展示一首诗:"沉沉酣睡我中华,哪知爱国即爱家。国民知醒宜今醒,莫待土分裂似瓜。"然后我告诉学生:"这是清末爱国诗人谢缵泰题在《时局图》上的一首诗。他揭露了帝国主义瓜分中国的阴谋,体现了诗人忧国忧民的心情。那么,19世纪末帝国主义对中国的侵略主要表现在哪些方面?又是怎样掀起瓜分狂潮的呢?"由此导入新课,这就唤起了学生的有意注意。

二、复习导入

复习导入属于历史课传统教学中最常用的导入法,它是根据知识之间的逻辑关系,找准新旧知识的连接点,以旧引新或温故而知新,具有承上启下的作用。虽然这种导入法往往缺少趣味性,但是历史课是时间连贯性很强的课程,根据具体的教学内容精心设计,利用复习旧课而引入新课,有利于知识间的衔接,使学生理解历史概念的因果联系,从而使学生的认识更全面。

三、悬念导入

在众多的非智力因素中,兴趣是学生接受教育的感情基础,是非智力因素中最为活跃的一个,是入门的向导,是学生探求知识、促进思维发展的巨大动力。提出问题,设置悬念,可以吸引学生的注意,抓住学生的内心,激发学生的兴趣。在教学《五四运动》一节时,老师就可以先通过讲火烧赵家楼、痛打章宗祥的故事,引起学生的兴趣,从而激发他们探讨的愿望,然后提出如下疑问:"在第一次世界大战中中国也是战胜国,为什么在巴黎和会上被当作战败国瓜分?"通过这样的问题的设置,学生们被吸引住了,并急切想了解新课内容。所以,教师在进行导入设计时要注意激发学生兴趣,并有意识地设一些疑点,要让学生感受到历史课程的趣味性和探索性,只有这样,才能更好引导学生自主地去掌握历史知识。

四、音频、视频导入

历史最大的特点就是其具有很强时间性和空间性，对中学生而言，平面的讲述往往很难吸引他们的注意力，因此教师在教学过程中借助于某种环境因素的刺激作用是引导学生创造性思维活动的重要条件。在上新课前，教师适当地播放与讲授的内容有关的影片，通过直观的、生动的画面再现"史实"，让学生身临其境地体会某个历史时期的背景或事件，能激发学生的情感体验，引发他们的情绪，还能很好地加强学生对新知识的了解。如在讲《甲午中日战争与列强瓜分中国狂潮》时，我们就可以从描述《宋氏三姐妹》中的一个情节入手导入新课，能收到很好的效果。老师可以提出如下话题："看过电视剧《宋氏三姐妹》的同学不知道注意了没有，剧中有这样一个镜头，孙中山拿了一幅画给宋耀如等人看，诸人看了感慨万分，义愤填膺。这是一幅什么画？为什么会引起他们的愤慨？"接着我告诉学生，这是一幅帝国主义瓜分中国的图画，这幅画就是教材中的《时局图》，再由讲解该图转入新课的学习。

五、史论导入

在历史教学中抓线索、抓联系是非常重要的。翦伯赞曾语重心长地指出：史料如果不被放在它的整体中，放在联系中，那它就是一些孤立的碎片，任何问题也不能说明。在导入环节中，教师如果能够利用史料把旧的知识和即将要学习的知识之间的联系和线索找出来，将有助于完善课堂教学。历史知识一般由时间、空间、人物、事件几个基本要素构成，因而这几个要素要讲清楚，这是上历史课与其他课的最大区别，这些要素可演化成为历史的基本线索，并以这些线索把相关知识串联起来，找出他们的联系，比如：以时间的推移为线索，列出大事年表；以空间的转移为线索，按一定的地点区域范围来讲授历史；以历史事件为线索，讲清事件的起因、经过和结果，就可以了解每一种历史现象的兴衰过程。所以在导入设计时教师如果能够把新旧知识之间的联系通过一定的史料线索相互联系起来，并运用它们之间的联系，这样，不仅能使学生加深对已学知识的记忆和巩固，也有助于学生顺利进入对新知识的学习之中。

总之，无论用哪种导入法都需要教师全面驾驭教材，还要有广博的知识，要以兴趣为前提、要以提高思维能力为根本，并且还要结合学生的实际。俗话说："良好的开端，就是成功的一半。"好的导入不但能充分调动学生的学习积极性和主动性，还能提高教师的自信心。

第三节　教学反思与探究性学习

一、初中历史教学反思

自新课改施行以来，初中历史的教材有所改变，难度有所增加，这对教师来说也是一种挑战。师者，所以传道授业解惑也。时代在发展、社会在进步，教学实践告诉我们：传统的教师一根教鞭、一支粉笔、一张嘴的填鸭式的教学模式已很难适应当前的教学要求，对教师的要求也已经不仅仅是传授知识和解答疑惑那么简单了。作为历史教师，我们必须要对课堂教学艺术进行改革，使学生在充满情趣的氛围中学习成长。

（一）初中历史教学中存在的主要问题

1. 教师照本宣科

有的教师学科知识相对来说比较薄弱，相关知识贫乏，在教学中以本为本，僵硬无味，这使得学生没有兴趣听课，导致学生对历史没有兴趣。

2. 教师组织语言无纲无据

在新课改以后有的教师不看新课标，还盲目根据原来思维无依据地讲授新教材，自己讲到哪里都不清楚。

3. 学生对历史的兴趣不大，被动学习

历史课堂本来就很枯燥无味，学生的理解能力及兴趣就没有其他学科那样强烈，再加上教师讲课不生动，导致课堂更无趣。又因为教师对新理念的认识有偏差，对任何课型都千篇一律地使用同一种方式，或一堂课把教师新掌握的新教法、学法全搬上课堂，走马观花，学生的知、能、情三维目标的达标率很低。

（二）提高历史知识学习效率的方法与策略

1. 优化导语设计，引发学生的好奇心

初中生的心理尚处于半成熟状态，在开始上课的前 10 分钟，他们的注意力多停留在上一节课的某些内容或课间活动的某些事情上，教师需要通过"组织教学"来引起学生对

新课的注意。这就要求教师在教学中充分运用多种手段,并根据不同的教学内容创设引人入胜的教学情境,以点燃学生的思维火花。

2. 改变课堂教学程式,激发学生自主参与,培养创造动机

根据教育的开放性原则,适当改换传统教学模式,开辟宽松的民主教学环境,充分体现学生的主体性,推动学生担任学习主角,加强学生的个体间的信息交流。如以讨论、辨析、导演历史小剧等多种形式,诱发学生进入学习的角色中,在激发其自主意识时,刺激他们的创新兴趣。另外,教师还要允许学生对教师讲课提出的见解(观点、结论)提出质疑,并调动学生参与,如引导若干学生支持或反对教师的某一观点,通过有序的积极辩论,使学生各抒己见,想人之所不想,见人之所不见,能人之所不能,从而优化学生的创造心理环境,激发他们想象的冲动、联想的新颖、思路的开阔,有效调动学生的潜意智能,使之成为创造思维的策源地。

3. 以图激趣,培养学生的观察、分析、鉴赏能力

美国心理学家布鲁纳说:学习的最好动机,乃是对所学教材本身的兴趣。我们现行的历史课本把知识性、趣味性和思想性融为一体,设置了丰富多彩的课堂板块,都能有效激发学生的求知欲和探究欲。尤其是现行历史教材大量使用插图,图文并茂,更是极大地提高了学生的兴趣。历史图片是史实某一瞬间的再现,它包含了许多文字所不能表达的信息,成了历史教学中不可或缺的教学手段之一。它既可以具体、形象、直观地进行教学,也可以借此培养学生的观察、分析、理解能力。

4. 扩大信息输入的容量,加强思维"能源补给"

我们历史教师要针对学生旺盛的求知欲及创造个性,善于引进大量的课外知识,加强信息量的补充,使学生在丰富的信息中,活跃思维,诱发创新。由于历史课中的材料解析题是一种综合性较强的题型,知识、方法、思维的含量较高,且在有效信息的取舍中,需要一定强度的思维质量。因此,我们要加大材料的容量,促进学生的实战能力,并激发学生的创新意识。此外,我们还应该注意学科间的彼此渗透,如政治、地理、语文、美术及有关自然学科,加强学科横向系统的联结,推动学生思维的迁移、融合、借鉴,加大信息贮量,使之为创造思维服务。

教师不仅是知识的传授者,更是学生灵魂的塑造者、引导者和促进者。新课程实施以后的内容更多的是结合学生的时代特点,同时要求教师改变过去"填鸭式"的教法,还学生以课堂和学习的自主权。教与学是交往、互动的,师生双方要做到相互启发、相互沟通、相互补充。在这个过程中,教师与学生分享彼此的思考、经验和知识,交流情感,体验观念，从而达成共识，实现教学相长和共同发展，然后，以点拨为主，让学生发挥想象、联系已有知识，发挥学生学习的主动性，与教师共同探讨、步步引申，让学生在知识的海洋里尽情地畅游，从而使他们强烈的求知欲得到极大的满足，学习兴趣愈来愈浓。

二、新课程理念下历史课的探究性学习

探究性学习是新课程改革的一个突出特点，历史学科是人文教育的一门重要学科，在学校德育工作中负有重要使命。所谓探究性学习，是学生从学科或生活中的问题出发，通过形式多样的探究活动，以获取知识技能，培养实际能力，获得情感体验为目的的学习方式。历史学科的探究性学习，是指学生在历史教师的指导下，从历史学习和社会现实中选择有价值的研究课题，以自主学习、合作学习为基础，通过个人与他人合作的方式，学会对大量信息的收集、分析和判断，从而增进思考力和创造力。由此可见，探究性学习打破了传统的教学模式和学习方式，使课堂教学发生了根本性变革。那么，如何指导学生开展探究性学习活动呢？

（一）开展探究性学习的必要性

探究性学习改变了传统的师生观。教师不再是课堂教学主体，而是教学的组织者和引导者，是为学生的学习服务的。学生是课堂教学的主体，师生之间是平等合作的关系。

探究性学习改变了传统的教材观，教材不再"唯书""唯纲"，而是突破教材范围，取材于社会生活，取材于学生学习兴趣。学生通过选取自己感兴趣的问题探究，既增强了学习的兴趣，又培养了学生积极探索的精神和勇气。

探究性学习改变了传统的学习方式。学生学习的空间不再局限于教室、教师、课本之间，而是面向社会，充分利用现代信息资源，广泛汲取知识营养，增强其学习的自主性和创造性。

探究性学习有利于学生态度的形成、品德的提升和情感的陶冶。素质教育重在把眼光放在培养学生现代生活意识及态度、决策、交往、创造、应变等方面的素质上，使学生能适应未来社会生活的需要，并且能创造美好的生活，探究性学习充分体现了这一点。

（二）如何指导学生开展探究性学习

1. 改变传统的授课方式，营造探究学习课堂

传统的历史课总是"满堂灌""填鸭式"，教师力求把历史背景、历史过程、历史结论

等教材中的知识点全部灌输给学生，唯恐漏讲了某一点，某一点分析得不够仔细，就觉得对不起学生似的。在新课程理念的指导下，教师必须清醒地认识到，这种"面面俱到"的做法只能是一厢情愿，因为学生的学习兴趣得不到调动，学习积极性得不到发挥，其对历史知识的掌握只能是被动的、低效率的，而其对历史知识的理解就更死板、缺乏生气了。笔者在中学历史教学过程中改变传统的教学方式，激发了学生的学习兴趣和探究热情。①虚拟历史情境，培养情感体验，激发探究兴趣；②搭建辩论舞台，创设探究空间，提高探究能力；③密切联系实际，结合社会生活，挖掘探究资源。

2. 制定探究课题，开展探究性学习活动

选取有研究价值和实践意义的探究课题。此外，教师还可以根据教学需要布置一些取材于教材，能帮助学生领会教材的探究性课题。只要教师努力思考，积极挖掘教材，中学历史探究性课题的选材是取之不尽、用之不竭的。但是，探究性课题的选材必须注意两个原则：一是内容应该是学科领域中的核心知识，对提高学生的理解能力和创造性思维能力有帮助。二是内容的难度适合学生所处的年龄特点和能力水平。

3. 转变学生的学习方式，培养探究学习的能力

（1）教会学生掌握探究性学习的基本功

探究性学习对学生的基本能力要求主要有如下七个方面：①观察；②从报纸、刊物或互联网上查找信息；③设计调研方案；④讨论；⑤做实验；⑥搜集、分析和解释所获得的数据；⑦表达和交流。

（2）培养学生的发散性思维，提高创造思维能力，养成主动探究历史的学习习惯

所谓发散性思维，就是围绕问题多方寻求解决问题的答案。现行的历史教材，总的来讲比较重视科学性、逻辑性，而对培养学生发散性思维方面并没有足够重视。这就需要我们历史教师在教学中来弥补，通过开展"历史小论文""历史辩论会""历史创作"等实践活动，引导学生多层次、多角度地思考问题，培养他们的创造性思维。

（3）组织历史活动课，培养学生主动探究的能力

人教版新课标历史实验教材中安排了不少活动课及"活动与探究"思考题，如有培养学生语言表达能力的故事会、成语大赛等；有培养学生动手能力的小制作、填图；有培养学生实践能力和与其他学科交叉、与现实生活联系学习的能力调查、辩论会等。它们的目的就是通过比较集中的课堂教学活动，系统地培养和强化学生的探究性学习能力，同时也为教师设计和组织活动提供参考。

历史学科是人文教育的一门重要学科，在学校德育工作中负有重要使命，在新课程

改革浪潮的推动下，历史学科更应该深入开展探究性学习，努力培养学生的创新意识和民族精神，为社会主义现代化建设服务。

第四节　学法指导是培养学生能力的有效途径

未来的文盲将不是目不识丁的人，而是一些没有掌握学习方法、不会自己钻研问题、缺乏预见能力的人。所以，教师教会学生学习方法，培养学生的能力应成为教学中的一项重要任务。历史这一学科的知识有着具体性，它包括具体的时间、地点、人物、条件、过程、地位诸要素之间的内在联系，即每一社会、每一个国家的发展规律，以及人类社会发展的共同规律。这就要求学生锻炼思想，独立钻研，通过动脑、动手、动口，独立地理解和掌握历史知识。此外，在历史教学中教师还必须要求学生在理解和掌握历史知识的基础上，培养其运用历史知识的能力，包括培养学生利用已学历史知识进行自我教育的能力，以及用辩证唯物主义和历史唯物主义观点观察问题和分析问题、认识现在、预见未来，"鉴古知今""鉴往知来"的能力。"授之以渔"是我国历代教学的经验结晶，从现代教学论来认识，"教学"的真正含义应是教师如何教，学生如何学，教师只有让学生自己学会读书，教会学生学习，才是传授了打开信息之锁的钥匙，只有掌握学习方法，才能步入攀登科学顶峰的阶梯。在平日的历史教学中，我进行了一些探索，摸索出了"把学法指导贯穿在历史课堂教学始终"的教学模式，实践证明，学法指导是培养学生能力的有效途径。

一、编写学习提纲，培养阅读能力

阅读教科书是获取历史知识、提高学生成绩的重要途径，也是培养智能的重要前提。因此，教会学生阅读教科书是历史课堂教学的重要内容。由于历史学科具有过去性、综合性和史论性的特点，学生在初读时容易遇到许多障碍，也有一部分学生因为基础差、阅读不得法，抓不住重点，所以，在起始阶段，我重点训练学生的阅读方法，通过提问引路、审题启示、疑难突破、重点探索、提纲导读等多种方法，把学生引到自觉阅读的轨道上来。例如，在教授中国历史第一册的《大变革时期的社会经济》一课时，我首先给学生指出：社会经济主要包括农业、手工业和商业三个方面，农业方面包括工具、技术和经验、水利及成就；手工业方面包括冶炼、陶瓷、纺织、造纸、市场等。然后我指导学生按上述提示阅读教材，找出本课中的重点知识，学生很顺利地完成了任务。经过一段时间的训练，学生逐渐学会模仿教师编写提纲，教师应在此基础上给学生创造更多的自编提纲的练习机会。学习新课时，教师多让学生在理解教材内容的基础上进行试编。学完一个单元后，教师可让学生编写单元知识结构，抽象出历史阶段的本质特征，从而把新闻记者引向新的高度。例如，在讲完世界历史第一册中的《英国资产阶级革命》《美国独立战争》《1789—1814 年的法国》时，教师要求学生列图表分析英、美、法革命进程中发现了一种新的社会制度代替一种旧的社会制度必须经历激烈、曲折、反复的斗争这一历史规律。

指导学生整理、编写提纲，可以达到使学生既掌握基础知识，又提高学科能力的目的。这是因为：首先，学生在整理和自编提纲时，必须先仔细阅读教材，了解教材中的知识点及各知识点之间的联系，只有真正理解各种知识点之间的联系和它们所处的地位，学生才能把知识点有效排列起来，这就使学生加深了对知识点的理解，一旦整理出准确的知识结构，知识点也就牢牢固定在知识结构的枝干上，从而使知识点在学生头脑中由点成线，由线成面，由面成体，构成基础知识的立体之树。其次，学生在编写提纲时，必须对教材进行分析、归纳、概括，通过思考使教材内容变得条理化、要点化，这无疑能促进学生思维能力的发展。第三，学生在掌握了编写方法后，可以依照这种方法去整理编写同一类历史现象的知识结构，这有利于学生归纳同类历史现象的共同点，同时由于具体现象又具有特殊性，这又迫使学生注意区分同类现象的不同点，对培养学生比较历史现象能力有积极意义。第四，学生在复习、整理、编写历史结构时，能帮助自己迅速查出知识掌握的薄弱环节，从而进行针对薄弱环节的复习，提高复习效率。

二、创设问题情境，培养思维能力

历史学科对培养学生的思维能力具有重要作用，但部分学生由于受传统偏见的影响，仍认为历史是一门知识性学科，只需死记硬背即可，而不需理论的思考和理解，所以，他们缺乏学习历史的内驱动力。为此，教师应十分注意利用历史学科内容丰富、纵贯古今的特点，有目的、有计划、有针对性地从历史知识本身提出各种具有较强启发性的问题，组织学生讨论，让他们自己去探索解决问题的方法，从而激发他们求知的欲望，组织学生讨论，促进他们大胆地驰骋自己的思维和想象，发展他们的智力。教师在创设问题情境时，应注意做好几点：第一，要科学地遵循学生的认知规律。设疑要由浅入深，由具体到抽象，先感知后概括，即从具体史实入手，去归纳某种结论或道理，以实现学生由学会到会学的转变。如讲华盛顿会议，教师先让学生概括背景、时间、地点、内容、结果，然后进一步设疑：华盛顿会议的召开是否消除了帝国主义之间的矛盾？为什么？从而揭示出帝国主义的矛盾，为这一体系的崩溃和太平洋战争的爆发埋下伏笔，使学生了解帝国主义是战争的根源。第二，要把握好度，难易适中。太简单会流于平淡，学生不屑于回答，更无助于启发思维，太难会使学生如坠迷雾中，所以设疑要难易适中，循序渐进。第三，要激发思维兴趣。兴趣是最好的老师。如果教师通过设疑，创设一种有趣的思维意境，从而刺激学生强烈的好奇心，无疑会使教学事半功倍。

三、厘清历史发展线索，抓住学习重点

历史发展的线索就是历史发展的规律性和重大历史事件之间的内在联系，中学历史教材的特点是范围广、头绪杂、内容多，牵扯到的年代、地点、人物事件太多，很不容易掌握，所以引导学生在这纷繁复杂的历史知识中厘清发展线索，提示历史发展的规律性和重大事件之间的内在联系，是十分重要的。例如，在开始讲世界史时，教师首先指导学生看教科书前的目录，然后教师概述世界史的分期、每个社会阶段的特征、基本内容等。在讲世界近代史时，教师要让学生明确必须抓住三条基本线索，即资本主义发生、发展及资本主义国家间的矛盾和战争，无产阶级革命斗争和国际共产主义运动，亚非拉民族解放运动。

在厘清线索的基础上，教师还要让学生掌握教材中的重点，应该让学生学会如何确定重点。教师可以引导学生从以下四方面去确定教材中的重点：第一，能够说明历史唯物主义最基本观点的内容；第二，对历史发展有重大影响的历史人物和事件；第三，属于"中国之最""世界之最"的内容；第四，教科书上有插图，课后有练习题的内容。学生掌握了上述原则，就比较容易抓住教材的重点。

四、科学记忆方法，提高记忆效率

历史教学的任务之一是使学生掌握历史基础知识，所以教给学生科学的记忆方法，是很重要的。在历史教学中，我常采用以下方法，帮助学生提高记忆效率，效果良好。第一，分散记忆法。让学生把知识点分开学习，当时看一遍，一周后再复习一遍，一个月后再重复一次，记得就会比较牢固。第二，趣味记忆法。如讲法国大革命及拿破仑统治时期，我要求学生记住当时的派别：大资产阶级、雅各宾派、热月党人、督政府、拿破仑，要求学生记成"大鸡鸭，热都拿"。第三，引导学生记忆纲要。如美国独立战争经过的六件大事。

第七章
初中历史教学模式创新实践

第一节　历史微课教学模式

一、微课概述

（一）微课的定义

微课，通常也被称为微课程，是近些年在教育界新兴起的一种教学模式，以视频短小精练、方便观看和学习而广受关注与欢迎，成为教育界广泛讨论的一个热点话题。随着教育领域对其理论和实践操作的研究不断深化，微课的内涵也在不断得到丰富。但是，由于微课是信息时代依托于网络信息技术形成的，发展时间较短，还处于探索与完善的过程中，因此还缺少一个统一的概念和界定。从当前微课发展状况来看，教育行政部门、教育研究者及相关的教育企业对微课的界定和理解，都呈现出不同重点和主旨。具体来看，对于微课是什么，主要有以下几项比较权威的认识。

2011年，胡铁生从区域教育信息资源的发展出发，首次对微课进行了界定，他认为，所谓微课，就是微型教学视频课例的简称，是依据新课程标准和具体的教学实践要求，通过适当时间的教学视频，将本节课的教学主题和重难点内容展示出来，是教学活动中针对特定知识点或者内容，将各种教学资源进行有机结合。

华南师范大学焦建利认为，微课是利用短小精悍的教学视频来呈现和展示课堂活动中的某一个知识点的教学手段，其主要目的即推动教学质量提升。

南京师范大学张一春教授认为，所谓微课，即为了帮助学习者通过自主探究，来获得更好的教学效果而精心设计的信息化教学活动。与传统教学模式不同，微课在针对知识点和教学环节进行呈现和展示的时候，主要是通过多媒体完成的，而且具有时间短、内容完整的特征。从张一春教授的界定来看，自主学习为其主要形式，推动教学活动获得更好的效果是其主要目的，科学合理的信息化教学设计是其开展的重要依托，多媒体是其主要的技术支持条件，而教学内容为某个知识点或者重点教学环节。

除此以外，上海师范大学教授黎加厚也指出，所谓微课就是知识展示时间在 10 分钟之内，教学目标清晰明确，教学内容简短精练，集中内容阐述特定教学问题和知识的视频课程。

综上所述，笔者认为，微课就是教师根据学生的实际需求和课堂教学的主要目标而选取重难点知识，并通过短小精悍的教学视频呈现给学生，从而获得更好的教学效果，其主要特点即目标明确、针对性强、短小精悍。对于初中历史课堂微课而言，简单来说就是在初中历史课堂教学实践中使用的教学视频文件，视频中的主要内容，常常体现出由小到大、以小见大等特征。一般来说，教师在进行微课教学的时候，都需要依据具体的教学内容和目标来设定微课时间，通常是几分钟即可，有些长一些的视频可能会控制在 10 分钟左右，如此有利于学生将自己的注意力更好地集中到教学内容上面。

但是，在利用微课开展教学活动的时候我们需要注意，微课的制作模式并没有一个固定的模板，通常都是围绕一个比较典型的问题和重点知识来开展的；微课教学也没有强制性和死板的操作流程，教师在实施教学的时候，可以依据教学内容和学生的需求等个性化开展，如此有利于激发学生的学习兴趣，集中其注意力。一般来说，微课展示过程中涉及的问题，都是在教师的具体实践过程中产生的，而不是为了获得研究结果的理论意义，从实践中去研究问题，再应用到实践教学中去检验，从而实现优化教学效率的目的。

（二）微课的特征

1. 教学功能强大并突出

随着信息技术的不断更新与发展，网络资源越来越丰富，人们获取资源的方式也越来越多样化、越来越便捷，这也使得微课的教学功能越来越突出。而在高水平的信息化数字技术的支持下，微课的制作成本也逐渐降低，制作技术越来越成熟，传播范围也越来越广泛。在这一发展趋势下，学习者和制作者之间的活动交流也越来越方便和快捷。

2. 教学内容少而精

从黎加厚教授提出的"十分钟法则"来看，在课堂教学活动中，初中生注意力最为集中的时间一般就是 10 分钟以内。在这一时间段中，学生的学习效率往往也是最高的。而一旦超出这个时间，学生就很容易出现散漫和倦怠等感觉，注意力便会随之不断降低。利用微课开展教学活动，主要是以教学内容当中的一个典型知识点为主题展开的，其时间主要是由微课的教学内容决定的，因此一般来说，微课讲授时间最好控制在 10 分钟以内。

3. 教学目标明确可控

受时间和内容影响，一个微课教学活动，往往只会针对某一个或者两个典型内容进行阐述，而且能够将这一知识内容合理呈现出来便称得上成功，因此，其课程体系相较于其他教学模式而言是较为简单的，教学目标也是非常明确清晰的，再加上呈现的是特定知识，面对的是特定目标人群，因此通常能够将知识点或者典型内容更加突出地展现出来。

（三）微课的设计原则

受时间限制，在将微课引入初中历史课堂教学活动中的时候，通常都是将其与传统课堂教学活动进行结合。因此，教师在制作和设计微课教学的时候，必须对传统教学目标、教学手段及教学内容和任务等进行综合考量。因此，在设计微课的时候，我们应该遵循以下原则。

1. 知识性原则

之所以要在初中历史课堂教学活动中导入微课模式，主要是因为微课具有便捷直观地传播知识和内容的优势。因此，在制作和设计微课的时候，我们必须从课堂标准和初中历史的教学目标出发，依据学生的实际情况，选择符合其认知结构和水平、学习规律和兴趣特征的内容。哈德·罗斯等人从神经生物学的角度也证明：越是微小学习单位和频繁的重复，越有利于大脑的学习。因此，对于微课来说，其必须在短小精悍之中继续求精，教学内容应该尽可能地专一、单一，围绕的主题和问题也应该讲清楚、讲透彻，使学生能够通过微课更加轻松和深刻地学习与掌握知识。

2. 系统性原则

微课设计需要遵循的系统性原则，实际上也就是整体性原则，即从整体角度出发，而不是分解为若干个体看待微课。很多人都指出微课的碎片化教学特征非常明显，就是将完整系统化知识整体进行分割，从中挑选出典型的小知识点，然后以此为中心选择教学内容并制作成教学视频，每一个视频都代表着一个虽然单一但是比较完整的知识内容。这种做法简单来说，就是将完整知识体系割裂成若干个零散单一的知识点来实施教学活动，不利于学生从整体层面对历史的发展脉络和内容线索进行把握。因此，教师在设计微课的时候应该从系统化原则出发，要将每个微课呈现出来的知识点，置于整体化历史知识体系中进行认识，不仅要对初中历史教学活动的整体目标进行优化，而且要以之为基础将各个微课的小目标有效联系到一起，从而引导学生整体把握历史的纵向发展脉络，推动其形成整体历史观。

3. 动态性原则

动态性原则即发展性原则，就是在微课的具体实践和应用过程中，对其进行动态监测，并对其成果进行必要的评价与反馈，从而推动其不断完善与发展。在课堂教学活动的实施中，教学对象都是处于动态发展中的生物体，因此学情也是处于不断变化的过程中的。与之相应，同一个微课并不能满足所有班级学生的需求，因此制作和设计完成一节微课并不代表结束，教师还应该从学生的知识水平和认知特点出发，选择差异化教学手段，如此才能够将微课的最大价值体现出来。而想要真正完成这一点，教师不仅要对教材进行更加深入的研究，而且应该对学生特点进行更加准确的把握和认识，并且应该学习和掌握更多有效的教学手段。除此以外，教师应该从整体出发，系统地把握教材架构与重点难点内容，对于不同学生之间存在的差异化特征应该有足够的认识，以此为参考和条件来制作与设计微课，并且在设计和应用的时候，应该根据实际情况进行适当的调整和创新。

微课自身所具备的动态发展特征，客观上使得微课制作与设计，成为必须综合考量、反复调整和不断完善的过程。因此，教师在制作和设计微课的时候，一定要始终保持动态发展思维，根据教学理论和实践的变化，适当调整自己的教学理念，并且要准确把握时代发展脉搏，为微课注入新的活力和内容，以确保微课不会脱离现实。如此一来，教师在动态发展中也能够获得进步，有利于消除其职业倦怠感。

4. 可操作性原则

可操作性原则，即教师在进行微课制作和设计的时候，应该对课堂教学活动中可能出现的问题进行全面具体的考虑，并提前预设出相应的解决策略，以便在实际课堂教学活动中尽可能地避免失误，推动微课教学顺利进行。此外，教师在保证微课教学具有操作性的同时，还应该强调其趣味性和观赏性，但是要把握好度，不能一味地追求美感而忽视其内涵覆盖，以免影响其操作性。在具体的制作与设计过程中，教师必须做好教学目标设计、学生人事需求分析、内容素材选择及内容呈现形式等诸多方面的考虑工作。此外，教师自身的教学水平、专业发展特点等也是必须考虑的要素，甚至需要提前预估微课教学中可能出现的问题及应对策略以确保微课顺利实施。

5. 以学生为本的原则

在开展课堂教学活动的时候，无论采取何种教学手段，都必须以学生为本，尊重和体现其主体性，为其提供服务。从教师角度来看，其在制作微课的时候需要遵循的一个关键依据便是学生的学习和发展需求，不仅是微课制作与设计中要遵循这一原则，包括开发、应用等在内的整个过程都应该贯彻这一原则。

二、初中历史教学中微课运用的思路

（一）利用微课引导学生分析历史问题，突破教学重难点

从微课的本质属性来看，其主要的特点就是一个字——微。一般来说，为了便于学生观看和下载，一节微课的时间都会控制在10分钟之内，存储容量也常常不会超过100兆，而且一节微课基本上都是围绕一个或者两个典型的知识点进行论述的。因此，教师在设计微课的时候可以有意识地将本节课的重点和难点内容突显出来，在微课内容呈现中适当地设置一些发散性问题，引导学生对知识进行深入思考，从而使学生通过微课学习不仅能够掌握重点内容，而且可以发展自己分析与解决问题的能力。

例如，在初中历史科目教学当中，《鸦片战争》这部分的重点内容为"中英《南京条约》的内容及影响"，难点是"鸦片战争后中国社会性质的变化"。基于这一认识，教师在正式实施教学行为以前，就可以以此为依托和主题，通过多媒体教学技术设计与之相关的微课，具体内容可以分为两个部分，即《南京条约》的主要内容和条约签订对中国的深刻影响。在选择相关内容的时候，教师可以通过"割地""赔款""通商""协定关税"这四方面进行，并整合到微课当中直观地呈现给学生。例如，在微课中可以先将"中英《南京条约》割让香港岛示意图"展现给学生，为了让学生更好地认识和掌握，教师可以通过视频暂停功能让学生在示意图中找到香港岛的具体位置；然后向学生展示《鸦片战争示意图》，并通过暂停视频来安排学生找出《南京条约》中被迫开放的通商口岸；最后在微课中对通商口岸的重要作用和价值进行深刻分析与论述，使学生充分认识到"英国强迫清政府开辟通商口岸，是为了满足其掠夺原料、推销工业品的目的，协定关税使得中国丧失了关税主权，破坏了中国原有的封建经济秩序"，并最终让学生完全理解"鸦片战争后中国的领土主权和经济秩序均受到严重破坏，中国开始逐步沦为半殖民地半封建社会——形式上是有自己政府的独立国家，实际上在政治、经济等各方面都受到帝国主义的控制和奴役；形式上仍然是封建统治和自然经济占主导，实际上社会已逐渐近代化，资本主义经济、政治、思

想文化等因素在不断发展壮大"。学生通过这节微课的学习，基本上能够完成对本课重点的掌握和对难点的突破。

（二）根据学生的认知特点设计微课，提高学生的历史素养

处于不同年龄阶段的学生，受社会阅历和生活环境等影响，在看待问题和接受知识的时候会呈现出明显的差异性。在初中历史课堂教学中，有很多涉及评价历史人物和事件的知识点，由于初中学生的社会经验较少，因此在具体评价的时候很难客观公正地进行，很容易受到其他条件和观点影响。因此，教师应该对本班学生的认知特点有准确的把握和认识，在设计和制作微课的时候，将其作为一个必要条件予以考虑，设计出切实可行、精练浓缩的微课，从而有效培养和提升学生的历史评价能力和水平，提升其历史素养。

例如，对于初一历史中《隋朝的统一与灭亡》来说，其中心内容便是"大运河开凿的目的和作用"，而初一学生由于认知水平和社会阅历都非常有限，因此很难全面客观地对这一问题进行判断和评价。基于这一现状，教师便可以围绕大运河来制作和设计相应的微课。首先教师可以通过展示隋朝的疆域示意图来引导学生找出其政治中心，然后继续论述大运河开凿的主要原因是当时北方是政治中心，粮食供给主要是依靠南方，而由于路途遥远，通过陆路进行运输不仅速度很慢，而且成本偏高，水路运输则能够有效解决这些问题。此外，还有一个重要原因就是隋朝需要加强对南方各个区域的统治力度，开凿大运河更利于统治南方，由此认识到大运河开凿的主要目的和作用。而在学习和认识大运河具备的历史作用的时候，教师可以通过微课，在视频中呈现历史名人对大运河的评价或者一些著名诗人围绕大运河所作的诗句，以此引导学生通过自主学习得出结论，即大运河的开凿有其两面性，虽然其给当时的人们带来沉重负担和伤害，但是密切了南北方之间的交流，有利于国家统一。

（三）运用微课复现历史场景，加强对学生的历史情感教育

《义务教育历史课程标准》指出，在设计和开展初中历史教学实践活动的时候，我们应该从"知识与能力""过程与方法""情感、态度与价值观"三个维度进行。而在三个维度中，"情感、态度、价值观"是其重要价值所在。因此，教师在开展历史课堂教学活动的时候，应该对具体的教学内容有充足把握，并将其制作成高质量微课，以此来强化对学生的情感教育，将育人功能和价值充分体现出来。

在初中历史教学实践中，爱国主义教育是学生情感教育的重要组成部分，也是引导学生树立正确三观和价值取向的重要基础条件。而在体现这一价值的时候，教师便可以选

择与中华人民共和国成立相关的内容。因此，教师在开展《中华人民共和国成立》这一课时的教学活动时，便可以充分利用现代化多媒体教学技术，制作和设计以开国大典为主题的微课，通过将成立前期的筹备工作与开国大典的盛况展现给学生，来激发学生的爱国主义情感，通过《义勇军进行曲》的播放和28门礼炮齐鸣及五星红旗的升起，来震撼学生的心灵，使其更加深刻地体会"中国人民从此站起来了"所代表的深刻意义，激发学生的民族自豪感、自尊心和自信心。

三、微课在初中历史教学中的应用策略

（一）微课主题要为课时主题服务，贴近学生

从系统整体角度来看，一节课中需要向学生传递的知识点是非常多的，利用这些知识点制作相应的微课时，教师首先应该对其主题、在本课中的地位及和其他知识点的联系进行明确把握。例如，初中历史中《民族政权并立的时代》这一课时的内容不仅涉及的历史时段较长，其中的历史事件、地名等也比较多，因为这是我国历史发展过程中民族政权关系比较复杂的一个典型时期，涉及的知识点是非常烦琐的。而怎样对其进行适度简化，将这一时期的民族关系更加清晰明了地呈现给学生，是教师需要解决的一个重点问题，同样是一个关键性问题。基于这一目的，教师便可以以此为主题制作和设计微课，并对其依据不同的时期和地理位置进行分解，如此有利于获得更为理想的教学效果。而在具体制作微课的过程中，教师应当进一步对相应的知识点进行分析和探究，明确微课主题，从而推动学生更加清晰深刻地了解自己需要学习的内容。与此同时，教师还可以根据自己的教学经验及对教材内容的把握和理解，结合学生的实际认知水平与需求来确定微课的主题。

此外，在制作和设计微课的时候，教师还应该将学生的主体地位凸显出来，选择学生已经掌握的知识推动学生进行学习反馈，并且注意在制作和设计微课的时候紧扣历史主题。仍然以《民族政权并立的时代》一课为例，教师在利用微课展示辽国、北宋及西夏的形势图时，还可以为学生设置几个通过自主探究解决的问题，如让学生根据政权出现的顺序了解不同政权的分布特点、让学生找出三个政权的都城并对其古今名称进行对比等。在教学活动结束之前，教师还可以通过形象直观的民族政权示意图，对本节课的主要内容进行概括和总结。最后，教师可以针对本节课的主题设置几个有针对性且具有适当难度的问题，让学生检测自己的学习效果。

（二）在课前指导学生进行课前预习

从当前初中的历史课程内容来看，其涉及的知识点不够系统，分布较为零散，对于学生系统化认识和掌握相关知识非常不利，甚至会在一定程度上阻碍学生思维能力的发展。鉴于这一现实状况，历史教师可以将微课应用到课前预习环节当中，依据实际教学内容和教学目标，制作相应的微课，利用其优势引导和组织学生进行课前预习，丰富预习资源，从而更好地满足学生的实际需求，强化学生的学习效果。例如，教师在讲授《鸦片战争》这一课的内容时，可以在课前将与之相关的历史事件如虎门销烟等制作成视频，然后在课堂教学活动中呈现给学生。利用这些教学资源，不仅能够激发学生的兴趣和求知欲望，而且能够帮助学生对教学内容形成一定的认知和了解，从而提升学生的学习质量与效果。

（三）在课中引导学生进行自主学习

在如今这个信息化、数字化的时代和教育背景中，将微课有效应用到教学活动中，能够弥补传统教学活动中存在的缺陷和不足，有利于学生主体作用的体现，有利于调动学生学习的兴趣和积极性，有利于增强学生的自主探究与学习的能力。将微课引入初中历史教学活动中，主要有两个方面的优势和作用：

第一，教师可以将微课的优势和价值有效地发挥出来，强化学生的历史感知能力；可以通过视频或者图片等形式，将历史内容更加直观生动地展现给学生，帮助其更加深刻地理解和掌握历史知识。此外，合理利用微课还能够帮助学生有效避免因为信息量大而出现记忆混淆等问题，而且可以有效缓解学生抗拒历史学习的心理，进而提升学生的历史学习质量。例如，教师在开展《统一多民族国家的巩固和发展》这一课的教学活动时，由于涉及的知识点都是比较零散的，因此如果单纯按照教材呈现的顺序实施课堂教学行为，对于学生理解和记忆教学内容相当不利。这个时候教师就可以将微课引入其中，在进行教学内容传授的时候，可以配备相关的图片或者视频，以此来向学生突出重点内容，而且能够引导学生集中注意力于教学内容中，给学生带来更加直观和强烈的感受，有效强化其历史感知能力，推动学生学习效率有效提升。

第二，教师可以在初中历史教学活动中，采用适当的手段将微课的优势最大化地体现出来，以推动学生历史思维发展，并利用视频和图片等更加形象的手段还原历史，为学生建构合理的教学情境，使其能够有身临其境之感，进而提升初中历史课堂教学的有效性。

（四）借助微课创设情境，打造激情课堂

历史讲述的是过往的事件，每一个历史事件都蕴含着特定的意义和记忆。在初中历史教学过程中，教师可以根据具体教学内容的需要，在微课中以文本、图像、音频、视频等方式，呈现特定的历史风貌或历史事件，以此创设教学情境，帮助学生深入挖掘事件背后的客观规律，真正掌握课堂教学内容，提升初中历史课堂教学效率。

（五）运用微课延伸教学，促进自主探究

初中历史教材的容量相对有限，难以完全满足学生历史学习的现实需求。因此，教师可以合理运用微课开展延伸教学，进一步丰富初中历史课堂教学素材，拓宽学生视野，深化认知，更好地培养学生的历史学科核心素养。教师可以充分发挥微课优势，将网络上的相关资源进行整合，制作成微课，并将其上传到班级群，也可以在课堂结尾时播放，帮助学生巩固课堂所学知识，还可以帮助学生开阔视野，切实提升初中历史教学质量。例如，在开展人教版七年级下册历史从"贞观之治"到"开元盛世"课堂教学时，教师可以在课堂结尾播放事先制作好的微课，先对课堂教学内容进行总结，再以影像的方式向学生展示贞观之治与开元盛世时期社会繁荣的景象。通过微课延伸教学，学生巩固课堂所学知识，并充分调动他们学习后续知识的欲望，在潜移默化中增强其自主探究意识。

第二节　翻转课堂教学模式

一、翻转课堂

（一）翻转课堂概念的界定

翻转课堂也被称为反转课堂式教学模式，是从"Flipped Class Model"翻译过来的，所谓翻转或者反转，实际上就是相较于传统课堂教学模式来说的。对于翻转课堂的界定和认识，不同国家的学者有不同的认识。

美国最早应用翻转课堂这一教学模式的是一位化学教师——亚伦·萨姆斯，其认为翻转课堂教学活动开展过程中，需要树立的一个基本理念，就是将传统课堂教学活动中针对教学内容的直接讲授移至课外，然后充分利用节省出来的课堂时间，解决学生存在的问题和疑惑。

英特尔公司全球教育行业总监布莱恩·冈萨雷斯指出，颠倒教室就是教育者将更多自由赋予学习者，将传统教学活动中在教室内完成的知识传授转移到教室外面完成，给予学生更多选择，使学生能够依据自己的需求和认知水平，选择最合适的手段学习新知识；将知识内化转移至教室内完成，以方便师生、生生之间更加有效地互动和交流。

清华大学信息化技术中心的钟晓流等人认为，翻转课堂实际上就是在信息化和知识化的教育环境中，教师将教学资源和内容以视频的形式提供给学生，并要求学生在课前完成教学视频的观看和学习，然后教师和学生共同在课堂上完成问题答疑、互动交流等活动的新型教学模式。

综合来看，笔者认为钟晓流等人的观点更加能够概括和界定翻转课堂。笔者认为，翻转课堂就是在信息化技术背景下，教师在正式上课之前将针对性的教学视频和需要完成的学习任务布置给学生，让学生在课前进行自主学习，从而实现知识传递。而在具体课程教学活动中，教师和学生的主要任务，是通过协作交流来解决学生自主学习中存在的问题和疑惑，从而推动知识内化顺利完成的一种新型教学形式。

（二）翻转课堂的优势分析

1. 有助于个性化学习和因材施教

在翻转课堂教学实践中，无论是课前还是课上或者课后，学生都可以根据自己的实际需求和水平来选择合适的步调，而不用强制性地追赶步调较快的同学或者减慢速度等待步调更慢的同学，使得层次化学习成为现实。此外，在翻转课堂中，学生在遇到困难或者产生困惑的时候，一般能够获得更具针对性的指导。教师还可以针对不同学生的实际水平来布置差异化任务，使得个性化学习得以实现。

2. 有助于素质教育的推进

从我国当前社会环境中实施的素质教育来看，其主要目的是推动学生基本素质的全面发展和提升，注重学生的个性发展，以及创造能力和自学能力的培养。在翻转课堂教学活动中，学生可以根据自己的实际学习进程和需求，选择最适合自己的学习手段，并且能够在学习过程中随时获得教师的个性化指导，从而有效发挥出学生的主体作用。在课堂教学中，学生自主或者合作探究解决问题成为主流，有利于学生自主探究能力、团结协作能力及创造力的提升和发展。翻转课堂不仅能够丰富教学内容、扩充知识量，而且可以拓宽学生的学习视野，促进学生综合素质的全面发展。

3. 有助于教学相长

在利用翻转课堂开展教学活动的时候，教师应该为学生设置符合其兴趣特征和发展需求的、具有一定难度的问题；应该具备制作和设计高质量教学视频的能力；需要提供给学生充足的、具有趣味性的学习资源，并为之提供针对性指导，对学生进行更加深入的分析。此外，教师还需要对学生进行多元化评价。由此可见，翻转课堂对教师提出了更高的要求，有利于教学相长。

4. 有助于发挥信息化在教育中的作用

现代化信息教学技术的广泛应用，使得学习过程打破了时空限制。在传统课堂教学活动中，受时间和影视教育理念的限制，教师开展的教学实践只能提供给学生最简洁、应付考试最有用的学习资源。但是在翻转课堂中，教师可以充分发挥现代化多媒体教学手段的优势，将更加丰富和多样化的教学内容和学习资源提供给学生。在这一过程中，尤其是教学视频的应用和普及，更是推动了翻转课堂的发展，也使学生个性化学习和层次化学习成为现实。信息技术广泛应用于教学活动中，有效解决了传统教学活动中时间和空间不便的问题，教师和学生在信息技术的支持下能够更加便捷地进行交流互动，教师也可以通过专门的教育平台，及时准确地掌握学生的实际情况。此外，翻转课堂还能够在一定程度上提升教师和学生的信息技术素养，提高其现代化教育技术的应用能力。

当然，任何事物都不是十全十美的，翻转课堂也是存在一定的缺陷和不足之处的。例如，翻转课堂必须有一定的软硬件支持才能够开展，学生如果长时间观看视频很容易对视力产生不利影响。此外，翻转课堂还需要教师具备高水平的视频制作能力和信息素养，需要学生具备一定的自主学习和探究思考能力。

（三）翻转课堂的特征

1. 教师角色的转变

翻转课堂的产生与发展使得教师的角色发生了转变，从传统教学活动中的知识传授者和课堂教学活动的主要组织者，转变为学生学习活动的主要引导者。这种变化也表明在翻转课堂中，教师不再是课堂的中心和权威，但是他们仍然会扮演学生学习发展的推动者角色。在学生遇到困难的时候，教师需要为其提供必要的支持和帮助。也就是说，在翻转课堂中，教师的主要作用是帮助学生获取更符合其自身需求的学习资源，并进行处理和利用，提高学生的实际应用能力。

随着教师教学职能的变化，其教学技能也面临着前所未有的挑战和冲击。翻转课堂要求学生自主参与到实际学习活动中，通过观看教学视频、完成任务和目标，以及解决问题等环节来建构系统化知识结构，进而成为学习过程中心。而想要完成这一点，就必须有教师设计的高质量学习活动支持。在每一个阶段的学习任务和目标完成以后，教师都需要对学生的实际学习状况进行调查和掌握，并对其进行评估，从而引导学生准确认识自己的真实水平。此外，及时有效的评估反馈，也能够帮助教师调整和改进课堂教学活动的实施策略，从而推动学生更好地向前发展。

2. 课堂时间的重新分配

在翻转课堂中，课堂上的大多数时间都是受学生支配的，以便学生可以全身心地投入其中。其中属于教师支配的时间只有较少的一部分，教师主要是利用这段时间为学生提供更具针对性的辅导，教师课堂活动中的知识讲授时间被大大缩短，课堂时间被重新分配，这也是翻转课堂体现出来的一个重要特征。与现实生活密切相关且学习情境较为真实自然的课堂学习活动，更加有利于学生通过互助协作顺利完成学习任务。翻转课堂对传统的课堂和课下进行了调换，将传统课堂中的知识讲授转移到课下，由学生通过观看视频自主完成。如此一来，不仅没有减少原来的课时知识量，反而增强了学生在课堂中的互动交流。这种转变使得学生能够更加深入地理解和掌握知识。此外，教师在对学生和课堂活动实施形成性评价的时候，也能够推动课堂交互有效性的提高，能够帮助学生更加客观地认识和了解自己的真实水平。由此可见，翻转课堂实际上就是对知识内容进行深层次建构的课堂，学生是其中的主角，在对学生传递基本知识的时候是利用课下时间完成的，这使得课堂教学时间得以延长。翻转课堂的关键之处，就在于教师如何组织课堂学习活动来实现课堂时间的最大化、高效化利用。

3. 学生角色的转变

在数字化和信息化技术的支持下，教育信息化程度也得以不断加深，自主探究学习越来越受到学生的青睐。在个性化网络学习环境中，学生可以根据自己的实际需求和认知水平，选择最适合自己的学习内容，按照自己的学习进度展开个性化学习，甚至学习的时间和地点也完全可以自己做主。但是需要注意，翻转课堂虽然使得学生能够高度参与到课堂教学活动中，学习灵活性也越来越突出，但是并不代表学生是完全独立地学习。在互联网时代和信息化学习环境中，学生需要依据自己的实际学习情况，不断和教师、其他学生进行互动交流，从而扩展和深化自己对知识的认识。

（四）翻转课堂的三个关键环节

1. 微课程开发

翻转课堂区别于传统课堂教学的一个重要方面，就是课堂体系与传统教材之间存在着明显的差异。在翻转课堂教学活动中，课程传授知识的单位已经不再是"课"，而是以"微课"为单位。翻转课堂包含的教学内容主要包括：进行主要知识传授的视频资源、引导学生巩固所学知识的针对性练习，以及帮助学生内化教学内容的学习活动等。其中，微课的作用非常突出，会直接对最终的教学效果产生影响。因此，在开展翻转课堂教学活动的时候，教师必须从学校、班级及学生等实际情况出发，来设计和制作针对性微课程。

2. 课前深入学习

在翻转课堂教学活动中，传统的需要在课堂完成的知识传授被转移到了课前，并且变为学生自主完成，要求学生获得比较好的自学效果，而不是停留在简单的知识预习和浏览上面。从这一方面来看，学生课前的知识学习活动主要包括进行知识传授的微视频，以及强化学生知识学习和掌握的习题，这是帮助学生进行课前学习、完成学习任务的关键资源，也是引导学生深入学习的关键。课前深入学习，简单来讲，就是全面学习和掌握基础知识，是知识学习过程中一个非常重要的环节，也是支撑知识迁移与知识应用的一个必备条件，是翻转课堂获得良好效果的重要环节。可以说，课前学习是否能够获得较高质量，会对翻转课堂教学活动的最终效果产生直接影响。

3. 课堂学习活动组织

课堂学习活动组织的主要任务就是引导和帮助学生顺利完成知识内化，使学生对于所学知识能够有更加深刻和全面的认识，这是翻转课堂活动中价值最为突出的部分，也是提高其教学效果的关键所在。在课堂学习活动组织中，学生可以通过高质量和全面的自主探究，或者和教师、其他同学的交流来弥补自身学习过程中存在的缺陷和不足，从而查漏补缺，顺利实现知识迁移和应用。如果缺少课堂学习组织活动，那么翻转课堂就必然会失去其本质特征，而这个时候，不管微课程价值是否被体现出来，也不管课前深入学习的程度和效果如何，翻转课堂都很难获得较好的教学效果。

二、翻转课堂应用于初中历史教学中的作用

（一）历史翻转课堂能够推动学生自学能力进步与发展

将翻转课堂引入初中历史教学活动中，有利于提升学生的资料搜集和整理，以及知识信息获取等方面的能力，也就是学生的自学能力。与其他科目的翻转课堂教学一样，初中历史中的翻转课堂教学活动，也是从学生的课前自主学习开始的，即教师提前将自己准

备好的教学视频分享给学生，要求学生通过视频自主学习并达到一定的学习目标。因此，学生在观看视频的时候必须要有计划性和目的性。在这一过程中，学生应该依据学习任务和提示，来找到本部分内容中的重要知识点，能够在一定程度上把握历史发展的基本脉络，并且在面对学习任务或者教师布置的练习时，学生应该能够以教师设计的教学内容为线索，通过网络检索、资料查找、合作探索等诸多手段进行相关资料和信息的搜集整理，从而完成教学任务和练习实践。在整个学习和探究过程中，学生的主体作用被充分发挥出来，能够根据自己的兴趣和实际需求进行自主探究和学习，课外学习时间和空间都得到扩展，有利于学生自主学习能力的提升，有利于终身学习习惯的养成。

（二）历史翻转课堂能够培养学生团结协作、合作学习的能力

在翻转课堂教学模式中，学生在课前通过视频学习完成学习任务以后，在实际的课堂教学中，教师就可以对学生进行适当的分组，并引导学生通过小组合作学习来开展学习探究活动，完成探究目标和任务。在这种形式的课堂教学活动中，每个小组都是一个学习团体，即使是在最终的评测过程中，全体小组成员也是作为一个整体来被评估的。因此，小组成员必须互帮互助，每一个组员都应该将自己的价值和作用充分体现出来，在确保自己获得高水平学习效果的同时，也应该尽力帮助学困生达到目标。而想要获得这种教学效果，在课堂探究活动中，每个学生都应该融入其中，发挥自己的作用，和同学共同交流、探讨完成教师设置的学习任务。此外，学习成绩比较优异的学生还应该主动去帮助学困生，通过讲解和引导等手段来帮助他们深入地理解历史知识。由此可见，这种小组合作探究式的学习手段，有利于小组内知识资源的共建共享，使学生认识到知识的获取和掌握是一个相互帮助和共同提升的过程，从而培养和提升学生合作交流的能力。此外，教师及时对小组及各个成员进行理性评估也有利于小组之间的良性竞争，激发其集体荣誉感，调动其学习积极性。

（三）翻转课堂教学模式有利于培养学生的文字表达、编辑设计及绘画能力

在翻转课堂教学模式中，传统的课堂知识传授变为学生的成果展示。也就是说，在课堂活动中，学生需要将自己在教学视频观看环节搜集的资料与教材中的相应知识点进行联系，并通过一定形式，如文字、图片等表述出来。而想要达到这一效果，不仅需要小组成员进行版面设计和图文编排，而且需要学生自己动手制作相应的图片、卡片等，并且对

文字表述进行校对和检查以确保其准确无误。由此可见，在翻转课堂教学模式中，自始至终都需要学生亲自进行探究和实践，这对于动手操作能力和艺术审美能力的提升与发展都有推动作用。

（四）翻转课堂教学模式能够培养学生的创新能力

相较于传统课堂教学活动，翻转课堂教学模式更有利于学生主体作用的发挥和创作能力的激发与提升。首先，在翻转课堂教学活动中，每一个学生的能力和优势都能够最大限度地体现出来，学生可以依据自己的需求学习。而且课堂教学中通常都是采取小组合作的形式，学生可以共同探究、自主发言，使得课堂教学氛围更加活跃，学生也从传统教学中的被动学习转为主动学习，学习兴趣和欲望被充分调动起来，有利于学生创新能力的培养和提升。其次，在翻转课堂教学模式中，教师通常都会鼓励和支持学生自己设计问题，或者在课堂上为学生创设合适的问题引导其讨论和探究，从而引导学生形成质疑与答疑的良好习惯，发展创新思维。最后，在翻转课堂教学模式中，教师往往给学生建构一个能够展现自身优势的平台，学生可以根据自己的认知水平和优势，来选择适当的形式展现自己对知识的掌握与理解，从而更加直观形象地诠释历史、展现自己，培养求异和独创的精神。

三、翻转课堂在初中历史教学中的实践

（一）课前学生自主学习

在课前自主学习阶段，教师应该制定和设计明确的教学任务和目标，并且以此基础和线索，通过诸多途径寻找适合初中学生需求和特征的多样化学习资源，并以表单的形式呈现给学生。在这一环节中，为学生设计自主学习任务主要是为了帮助学生认清自己的实际需求和水平，从而更好地把握自己的学习进度，使每个学生都可以通过自己的努力完成学习任务，并取得适当的学习效果。在制作和设计教学视频的时候，初中历史教师应该围绕主要的教学任务和目标来制作和设计，可以在网络上搜索相关视频资料，也可以自己进行课程录制。但是需要注意，无论是哪种教学视频，都应该和学生的学习水平和需求相符，视频时间应该控制在10分钟左右。在当前这个信息化和数字化时代，学生接受碎片化知识的能力正不断强化。由于信息内容的呈现形式越来越多样化与复杂化，教师在设计教学视频的时候，应该以教材知识框架为支撑条件，而不是单纯从理论知识框架解析。在

讲授相关知识的时候，为避免枯燥乏味，教师可以将与内容相关的历史小故事穿插其中。在设计问题的时候，教师应该始终坚持技巧性原则，注重学生学习兴趣和积极性的培养，激发其学习欲望。而在翻转课堂教学实践正式实施的时候，教师可以联合家长，一起对学生的学习和任务完成情况进行监督。学生在自主探究过程中遇到困难的时候，可以通过即时在线交流平台与教师互动，教师对学生提出的问题进行归纳和整合，在课堂教学活动中为其解惑，从而调动学生的学习积极性，提升课堂教学效率。

（二）课堂教学设计

在课堂教学实施阶段，教师可以借助多媒体教学技术来对学生进行启发式提问，完成教学课件导入，然后以教学设计为条件，对学习小组进行合理划分，开展分层教学。首先，教师需要将课堂教学目标细化。在组织和设计本节课的教学内容时，教师应该从教学任务出发，引导学生进行课前预习和课堂上的小组合作探讨，使学生能够认识到关键的教学内容，从而更加深入地理解知识点。其次，教师通过多媒体课件呈现给学生的内容应该体现出理论科学性。在课堂教学活动中，教师进行知识展现的课件，应该遵循精简和重点突出等原则，要能够引导学生在完成视频观看的基础上，进一步整理与总结教学内容。再次，课堂教学设计应该对教学内容起到一个补充的作用。也就是说，教师应该依据教学活动的实际状况，适当地往里面填充新的知识内容，从而帮助学生更加深刻地掌握和理解主体知识。最后，要将课堂评价的优势和作用充分体现出来。教师应该和学生共同对课堂活动进行评价，要鼓励和引导学生积极参与其中，从而激发学生学习的兴趣和欲望，使学生树立起学习历史的信心。

（三）课后复习巩固

所谓课后复习巩固，就是教师应该从学生实际的发展需求出发，为学生制订全面、针对性的学习计划，使学生能够通过自主探究等活动完成知识巩固和丰富。为了完成这一目标，教师需要对所有学生的实际情况都有一个比较准确的把握和认识，如此才能从不同学生的实际需求出发，设置针对性和差异化的课后训练。此外，作业的形式应该多样化，如选择题、填空题、主观题等都应该有所涉及。例如，教师在开展"中国改革"这部分内容的教学活动时，可以组织学生通过辩论赛的形式展开学习，将学生分为正反两方来探讨中国改革的双面作用，并利用多媒体信息技术统计相关数据，现场对学生进行评测。在这一教学活动中，教师可以更加准确地掌握不同学生对知识的理解情况，从而引导学生掌握一定的答题技巧，提升其发现问题、分析问题及解决问题的能力。

第三节　云端课堂教学模式

一、云端课堂教学类型及优势

（一）直播课堂

所谓直播课堂，主要指的是教师依托在线直播技术，通过相应的教学平台为学生授课，如视频直播、音频直播等都是直播课堂的重要形式。一般而言，直播课堂都会有一个主要负责直播的教室及多个分教室，主要指在互联网数字化技术的支持下，开展一对多的实时交互式教学。相较于其他教学模式，直播课堂的优势如下：

第一，直播课堂能够服务和联系更多学生。在传统的课堂教学活动中，知识传授是需要教师和学生面对面在同一个空间完成的，而直播课堂打破了传统课堂教学活动的空间束缚，使得师生之间即使不处于同一空间和场地也能够完成信息的实时传递。由此可见，直播课堂不仅具有传统课堂教学活动中信息交流便利的优势，而且发散了教学空间，打破了空间限制，使得教学活动的覆盖面越来越广，也使得越来越多的学习者能够在直播课堂中汲取自己所需的知识。除此以外，将直播课堂应用于教学活动中，也能够较好地应对学校教学资源不足、分配不均等问题，有利于实现教育教学公平，从而更好地提升教学效果，提高学校的办学效益。

第二，直播课堂的合理应用有利于教学效果提升。相较于传统课堂教学活动中以口述和板书为主要手段的形式，在开展直播课堂教学活动的时候，通常需要用到各种形式的多媒体技术，如课件、音视频等，这使得教师在单位时间内能够将更加丰富的知识以更多形式和手段传递给学生，有利于课堂教学效率提升。此外，现代化多媒体教学技术的有效应用，也使得课堂教学内容愈发丰富起来，课堂越来越有趣味性。

第三，直播课堂使得教学活动中的实时信息互动成为现实。所谓直播课堂，简单来说就是在双向视频直播技术的基础上，建构起来的一种直播教学模式，师生在其中可以不受时间与空间的束缚随时随地进行在线交流与互动。在直播课堂中，教师和学生的声音、影像等都能够进行自由传递，师生之间可以随时进行沟通和互动，这使得在传统课堂教学活动中师生互动便利性这一优势得以保留下来。

第四，直播课堂有利于应对和解决活动中临时出现的各种干扰因素。在传统课堂教学活动中，能够对学习效果产生影响和干扰的各方面因素还是比较多的，尤其是一些不可控因素，一旦出现就会使课堂教学活动无法正常开展。而直播课堂教学模式，便可以有效应对这种干扰和问题，而且有利于直播课堂在线教学的普及与应用。

（二）录播课堂

所谓录播课堂，顾名思义，就是教师在开展教学活动以前，便提前通过音视频等形式将教学内容录制下来，并上传到相应的教学系统和平台之中，学生可以根据自己的实际需要随时随地地观看与下载。录播课堂和直播课堂一样，也是云端课堂教学的一种重要形式，而且相较于直播课堂，录播课堂有如下几个方面的特点：

第一，在录播课堂中，因为里面的教学内容都是提前录制的，因此有利于避免一些重大失误出现。和直播课堂中师生直接通过云端面对面交流互动不同，录播课堂中的教学内容都是事先进行筛选与整合的，而且录制过程中如果出现失误，还可以重复录制或者通过剪辑手段将其修正。如此一来，不仅有利于降低教师的心理压力，而且可以使教学过程更加完整与全面。

第二，有利于学生随时随地开展学习活动。不同于直播课堂中的定时学习，在录播课堂中，教学内容都提前置于教学平台和系统之中，因此学生可以随时随地登录系统或者下载教学资源进行学习，这使得学生实施学习行为更加便利。

第三，录播课堂不利于师生之间信息的实时互动。在录播课堂中，由于教学内容都是事先录制成音视频等形式并传入教学系统中的，因此在课堂教学活动中，师生之间无法进行实时的互动与交流，学生只能够被动地接受教师提供的各种信息。

二、初中历史云端课堂教学的互动方式

（一）课堂互动

所谓课堂互动，就是在课堂教学活动开展和实施的过程中，师生之间进行的互动与交流，是指云端课堂教学活动中，师生之间或者生生之间的信息交流和沟通。在初中历史云端课堂教学活动中，课堂活动主要包括如下几种：

第一，课堂问答形式。可以说，无论是对初中历史云端课堂教学互动而言，还是其他科目的课堂互动而言，课堂问答都是最主要的方式之一。如传统课堂教学活动中，一般

都是教师提出问题，学生主动举手或者教师指定学生回答。而在云端课堂互动中，教师可以通过语言来向学生提问，也可以通过插入文字或者图片等形式进行提问，而学生在回答的时候主要是利用技术手段，通过按键的方式实现问答。

第二，小组讨论形式。小组讨论是课堂互动的另外一种具有重要作用和地位的方式。在传统的课堂教学活动中，教师一般是先给学生布置一个具有开放性的问题，并且会依据一定的客观条件将学生分为若干小组，小组成员之间可以针对问题开展广泛讨论与交流，但是其他小组一般无法听到或者看到这一小组讨论的主要内容。在学生开展讨论活动的时候，教师可以通过适当的技术手段，来观察和了解各个小组的讨论状况，也可以在适当的条件下加入某一小组中和学生共同讨论问题。在学生完成讨论任务以后，教师可以指定某一小组成员阐述自己在讨论中得出的观点，也可以让每个小组推出自己的代表阐述本组的观点，最后由教师对学生进行综合点评。云端课堂教学中的小组讨论与传统课堂教学活动中的小组讨论有很大不同，其中一个最大的区别就是，云端课堂教学在现代化信息技术的支持下，能够将小组讨论内容全部进行封闭，使不同小组之间不会受到任何干扰，能够更好地保证讨论效果。

第三，随堂测试形式。作为云端课堂教学活动中一种行之有效的互动方式，教师可以在课堂教学中，直接对学生进行提问或者提前编制电子试卷在活动中发给学生，让学生即时回答。随堂测试有利于教师更加便捷地掌握学生的学习情况，并及时地根据测试情况进行现场点评。

（二）课后互动

除了课堂互动以外，课后互动也是云端课堂教学互动的主要方式。课后互动主要包括如下几种形式：

一是课后留言。现场课堂教学活动结束后，学生依然可以利用云端课堂教学平台的留言系统，将听课过程中的一些疑难问题或者心得体会总结编辑后上传，教师可以在登录平台后及时发现这些留言，并逐一回复。这种方式极大地拓展了课堂教学的内容，实现了教学的深入和延伸，对巩固教学效果、提高教学质量具有十分重要的意义。

二是课后作业。在云端课堂教学过程中，教师可以通过布置课后作业来实现与学生的互动。教师可以在课堂直播或者录播教学过程中布置课后作业，也可以通过系统中的作业功能布置作业，学生登录系统后即可收到作业任务。学生完成课后作业同样需要凭借系统来上传。

三是课堂教学评价。云端课堂教学过程结束后，教师需要设置课堂教学评价环节，集中了解学生对教师教学活动的总体感受、认识及对改善教学活动的建议和意见等。

三、初中历史云端课堂教学的评价与反思

（一）教师评价

为了准确地掌握学生的课程学习情况，并对学生做出评价和反馈，教师应当采取如下标准：

一是观察学生的课堂学习表现。在云端课堂教学活动中，教师可以通过视频渠道及时观察到学生课堂学习时的种种表现，包括注意力是否集中、是否能够伴随教师的指导做出相应反应、是否容易被其他突发状况所吸引等。对学生课堂学习表现情况的观察，需要教师付出更多的努力和精力，也需要有针对性地对"重点人"实施重点观察，否则观察过程就是低效率的，无法真正全面了解到学生课堂真实表现。

二是观察学生的互动情况。对学生课堂互动情况进行观察是教师评价和反馈的重要依据，重点包括学生参与课堂学习的积极性、提问的参与度、小组讨论的活跃度等。一般来说，如果学生在课堂教学过程中能够做到积极思考、主动回答问题，并且愿意积极参与小组研讨活动，那么就意味着他的学习参与度较高，能够获得教师的较高肯定和表扬。

三是审视课后作业完成及考核情况。教师还可以通过学生课后作业完成情况，以及临时考试、定期考核的成绩等衡量学生的学习情况，并对其做出评价和反馈。

（二）云端课堂教学的反思

笔者在这里就云端课堂教学的一些主要问题进行简要的反思，并提出解决的具体建议。一是云端课堂授课环境对教师的影响。在许多云端课堂教学过程中，教师并非处于一个相对封闭的环境中进行直播课程或者录制课程，在授课过程中很容易受到一些外部因素和突发因素的影响，特别是对直播课堂教学活动的影响和干扰更为严重。为了解决这个问题，一方面，学校应当尽快建设专业的直播录播室，让更多的教师可以利用专业的设备和良好的环境，进行课程直播或者录播，尽量减少外部因素的干扰；另一方面，要训练教师适应环境，实现主动调整、降低干扰的不利影响。二是教师心理因素对教学效果的影响。在直播课教学过程中，一些教师因为过分紧张等经常出现口误，对教学效果产生直接影响。为此，我们应当采取循序渐进的方式，一方面强化教师心理素质培养，提高抗压能

力；另一方面，对于在短时间内确实难以调整心理状态的教师，尽量采取录播的方式，降低失误率，逐步培养他们的信心。三是学生的心理因素对教学效果的影响。当前，一部分学生对于云端课堂教学存在抵触情绪，不愿意主动参与其中。为此，我们应当加强学生心理疏导和干预，提高其对云端课堂教学活动重要性的认识，适应云端课堂教学的新变化，积极主动参与其中。

第四节 情境复现式教学模式

一、情境复现式教学模式

（一）情境复现式教学模式的内涵

所谓情境复现式教学模式，就是教师在开展教学活动的时候，以具体的学科特点与学生的认知水平为基础，通过多种教学手段来建构具体、生动的情境，给学生带来视觉、听觉等方面的感受。将情境复现式教学模式引入初中历史教学活动中，就能够在历史和现实之间，建构起一个相互连通的桥梁，从而使学生扮演一个"历史人"的角色，亲自参与其中，提高和升华其认知与情感。综合来看，情境复现式教学模式能够将学生智力、知识及非智力等各方面因素组合起来，是一种相互促进和相互联系的全新教学理念。

对于初中历史课程而言，其中涉及的知识呈现出明显的既往性特征，因为都是人们在过去的时代和社会中，发生的实践活动的反映和体现，我们只能通过与之相关的事物进行间接认识与了解，无法亲身参与其中。因此，在开展初中历史教学活动的时候，学生很容易出现枯燥、单一等感受，对历史学习提不起兴趣。这个时候，情境复现式教学模式的作用和价值就能够充分体现出来。在情境复现式教学模式中，学生可以更加直观地感悟相应的历史知识，能够有效缩短历史与现实之间的时空距离。为学生建构教学情境，可以使学生仿佛亲身参与到当时的历史情境中，从而更加有效地激发初中生的历史学习兴趣，使学生能够更加深刻地认识和了解历史事件与历史人物等。在初中历史课堂教学实践中，教师采用情境复现式教学模式的时候应该注意以下四个方面：

第一，历史情境必须与客观存在的历史史实一致，这也是利用这一模式必须满足的前提条件。如果创设出来的历史情境与真实历史不符，那么相应的课堂教学就必然是失败的。

第二，历史情境应该能够激发学生学习和掌握相关内容的欲望和兴趣。也就是说，教师在设定情境主题、选择支撑材料的时候，应该围绕具体的教学内容进行。如果主题与教学内容无关，那么无论情境再现多么真实、多么具有吸引力，对于本节课而言都是没有任何意义的。

第三，历史情境应该能够引导学生积极参与课堂教学活动中。新课程改革不断深入，教学理念也发生一定变化。在当前背景下，一个非常重要的教学理念，就是为学生建构科学合理的学习情境，引导其积极主动地参与其中，进行合作与探究学习。

第四，情境再现的时间应该紧凑，切忌过长。如果时间太长，就很容易淡化其他方面的教学内容。

（二）情境复现式教学模式的原则

1. 情境适应原则

对于情境复现式这一教学模式而言，其所具备的一个突出要点就是为学生提供科学合理、形象直观的情境。夸美纽斯曾经说：可以为教师们定下一则金科玉律，在尽可能范围内，一切事物都应该尽量地放到感官跟前。在将情境复现式教学模式引入初中历史教学活动中的时候，其表现出来的一个突出特点即合理利用各种教学手段和设备，将本节课内容中的历史事件、历史人物等生动形象地展示在学生眼前，以推动学生从整体情境的把握中，进行更加准确和深入的认知。具体而言，在初中历史教学活动中复现情境，必须符合学生的认知水平和发展需求，要将需要学生解决和认识的内容信息恰当地融入情境之中，使学生通过情境探究，自主获取信息。因此，历史情境必须要体现出适应性特征。首先，再现出来的历史情境必须能够将本节课的历史内容准确表现出来；其次，历史情境必须符合学生的认知特点与水平，只有这样，才能够激发出学生学习历史的兴趣，学生也才会主动适应历史情境，使智力活动保持在一个最佳状态，在历史情境中进行探究。鉴于此，教师在设置历史情境的时候，应该注意满足三个"度"，即情境信息满足一定的量度、设置的情境问题应该具有一定的难度、情景中的问题应该能够满足学生探究所需的深度。而想要顺利达到这一标准，教师就必须从具体的教学内容和学生的认知特点等出发，选择适当的材料来支持和建构历史情境。与此同时，教师应该有计划地逐步引导学生投入情境中去适应历史情境，进而更加积极地开展学习活动。

2. 情感激发原则

在实施情境复现式教学模式的时候，非常关键的一点就是要采取适当的手段，使学生的情感充分融入教师创设的情境中，从而充分激发学生的情感，使学生能够达到移情的境界。在人们成长与发展的历程中，情感始终发挥着重要作用，是和人们意识紧密联系的重要内心体验，具有强烈的情境性、稳定性和长期性。对于学生而言，拥有的这种情感只能够利用具体史实激发和呈现出来，获得情感共鸣。而情境复现式教学模式，通过为学生建构直观形象的历史情境，使其亲身参与其中进行体验，和历史人物一起思考、一起经历历史事件，从而在情景中产生共鸣。与此同时，科学合理的历史情境对于学生而言也是一种较好的学习心理环境，对于学生情感和潜能发展都具有较好的推动作用。

此外，教师在建构历史情境的时候，还应该尽力找到"启情点"，尽可能地强化情境中的情感因素。对于初中历史教学而言，教师应该完成的一个重要目标就是将学生积极的情感充分激发出来。情感作为一个具有重要价值的非智力因素，无论是对学生的学习来说还是人格塑造而言，都是具有重要作用的。

3. 情理统一原则

将情境复现式教学模式引入初中历史教学活动的时候，遵循情理统一原则主要体现在两个方面。第一，建构和设置的历史情境，必须体现出一定的历史知识、概念及规律，要能够展现出历史事实；学生在历史情境中通过问题探讨，应该能够对历史事实有一个基本的了解，要能够形成一定的历史概念，掌握历史知识与规律，推动学生认知结构顺利形成。第二，教师在引导学生进入历史情境体验历史的时候，应该能够使学生尽快进入角色，激发其高昂的情绪和历史认同感，使其能够对历史人物、历史事件等进行深入思考，从具体形象的感知中获得真挚情感，使学生的感性与理性获得统一。整个教学过程是一个和谐统一的过程，激发情感的过程并不是一个孤立的环节，是和认知发展、历史知识掌握等存在密切联系的。无论是学习原始动机还是具体活动，最终的效果都离不开学生的情感。而如果脱离历史事实，情感也会成为空中楼阁。在初中历史教学活动中，一旦形成积极情感，便能够在一定程度上推动学生的认知发展。

情境复现式教学模式的主要任务可以分为两个，即激发情感与形成认知。从这一方面来看，情境、理智及情感三者的和谐统一，正是这一教学活动所追求的一个最佳境界。学生认知水平越高，了解和掌握的历史知识就越多，就越能够激发出学生的积极情感。由此可见，情感和理智之间是辩证统一的关系，二者相辅相成、互为因果，存在着必然的内在联系。

二、组织教学的技巧

情境复现式教学模式对于学生的观察能力、思维能力及想象能力等都非常关注，是激发学生形成积极且丰富的情感因素的重要手段。教师在设计和组织教学活动的时候，整个过程中都应该在这一理念的指导下进行。

（一）复现情境

对历史情境进行复现，主要是在教学目标、教材许可程度及学生认知水平等基础上完成的。通常意义上我们可以将其分为两种。第一种是实实在在、真实存在的情境，这种类型的情境主要是利用教学媒体进行创设的，一般包括实物媒体、光学媒体、音响媒体及影视媒体等；第二种主要指的是虚拟情境，如根据历史事实、历史事件等进行角色扮演、设计舞台剧或者短戏剧等来建构历史情境。但是，无论是哪一种情境，主要目的都是将真实的历史面貌和事件呈现出来。而在具体的呈现与教学时，教师还需要依据学生的实际认知水平和教学内容，从教学实际出发进行设计和组织。

（二）观察想象

对于复现出来的历史事件，学生应该在教师的指导下，对其进行有目的和有层次的思考，在大脑中对新学习的知识和已经掌握的知识进行整合，从而将历史事件泛化地再现出来，和历史人物产生情感共鸣。如此多次反复以后，教师就可以引导学生对知识进行综合分析和推理判断，使学生能够对历史概念有一个更加深刻的认识和理解。例如，教师在引导学生评价北洋水师官兵在黄海战役中的表现的时候，就可以将其与海战以前清政府的行为、第二次鸦片战争、中法战争中清政府的政策等进行联系，对清政府的政治腐败、经济落后、军备废弛等有所了解，由此便可以知道，北洋水师败局已定。

（三）激发情感

情感的激发和观察想象是同步进行的。在情境复现式教学模式中，学生扮演着历史参与者的角色，会在历史情境中与历史人物一起经历事件，共同思考。如果结果是积极且成功的，那么学生通常就会非常高兴，如果是失败的，他们就会和历史人物一样出现愤恨、郁郁不得志等情绪。因此在这一教学模式中，学生的情感能够比较轻易地被激发出来。此外，教师在进行历史课堂教学的时候，还可以通过情境创设来激发学生的情感，引导其积极主动地进行探究。

（四）情能转化

在将情境复现式教学模式引入初中历史教学模式的过程中，复现情境是支持教学开展的基础条件，观察想象是实施的主要方法，激发情感是推动教学活动发展的重要动力，应该达成的一个重要目标即情能转化。所谓情能转化，主要指的是把学生在学习活动中获得的情感体验转化为智能发展，而要使其顺利完成，一个最基本和最有效的路径就是实际应用。一般而言，学生的智能发展会包括三个方面：第一是掌握，即学生对历史知识的学习和理解程度；第二是活动，即在一个新的历史情境中学生能够利用的知识，也就是我们所说的"学以致用"；第三是创造，即学生参与到新的历史情境中，在应用自己掌握的知识的时候应该具备一定的创新精神。

三、情境复现式教学模式在历史课堂中的研究及运用

（一）创设情景复现，走进历史—激发学生学习的兴趣，培养"大历史"观念

1. 物具情境复现

对于历史教学活动而言，其中的物具主要就是指那些遗留下来的、具有历史价值和教育价值的物品，如古代钱币和用品等。此外，如一些历史人物的模型、历史文物赝品等也都属于物具的范畴。学生在学习和掌握历史知识的时候，往往需要在自己的脑海中建构出与历史人物、事件等相似且比较稳固的形象。因此，教师在历史教学情境建构的时候，应该将物具的作用充分发挥出来，给学生创设出一个生动形象的物具情境，在对其展示的同时配以权威性讲述，如此不仅能够使教学活动更加真实、形象和生动，强化学生的记忆和认知，而且能够有效激发学生学习的兴趣，推动其主动参与到情境问题探究活动中并去发现新事物、提出新观点。例如，教师在为学生讲授有关毛泽东的历史知识的时候，便可以创设物具情境来激发其学习积极性，调动学生想要了解伟人的兴趣和欲望，进而拓宽其视野，发散其思维。在课堂教学活动中，教师可以事先收集不同时期的毛泽东纪念章在课堂上展示，对于这些多种质地和多样形式且具有一定历史意义的纪念章，学生往往能够表现出较大的兴趣，之后教师便可以选择纪念章背景体现出的地点作为切入点。例如，背景为浙江嘉兴南湖的纪念章，代表着中国共产党诞生；背景为井冈山的纪念章，则象征着中

国革命的新起点；背景为遵义会议的纪念章表明中国共产党经历了一场生死攸关的转折，等等。在这一物具情境当中，再配合与其密切相关的语言和其他形式的描述，学生往往能够产生身临其境之感，仿佛自己便身处于那个动荡的时代，进而激发其思维拓展，推动其形成自己的独到见解。这种物具情境的创设，使学生理解历史更形象、更深刻。

2. 影视教学情境复现

随着信息技术的不断发展，现代化多媒体教学技术的应用越来越广泛，如幻灯片、电影甚至电视等诸多媒介，都作为教学手段被广泛应用于课堂教学活动中，推动了教学活动的顺利开展。相较于传统教学手段，这些现代化教学手段，能够更加形象直观地将历史事件、任务及历史物品等复现出来，更具趣味性，能够引导学生将注意力集中于此，从而充分调动其学习积极性和主动性。此外，这些现代化教学手段还能够将教学内容以更加多样化的形式呈现给学生，并为其带来多种感官刺激，将原本抽象晦涩的内容变得更为形象有趣。例如，教师在讲述第二次世界大战中的敦刻尔克大撤退相关内容和知识点的时候，由于学生并没有亲身参与战争的经历，因此对战争的感性经验非常匮乏，教师如果单纯地进行文字介绍就很容易导致历史课枯燥沉闷。这个时候，教师就可以选择先播放相关的电影片段，让学生自己去感受，随后配上语言讲述，就能够给学生带来深刻印象，使学生能够更加深刻地认识这一战役的重要性和战争的残酷。影视情境能够将过去的历史事件形象生动地复现出来，从而为学生历史学习提供更多感性材料，能够帮助学生加深对知识的理解，有利于素质的提升和智能的发展。此外，教师还应该鼓励学生自己收集与历史内容相关的电影片段等资源，为下一节课堂教学做好准备。与此同时，影视教学对于学生的创新能力提升也有帮助，能够为学生提供较多的创新机会，通过情境创设锻炼和发展学生的创新能力。

3. 模拟角色情境复现

在初中历史课堂教学活动中进行模拟角色情境复现，能够有效增强学生的主体性和参与性。在课堂教学中引导学生模拟历史事件，能够充分调动学生对于本节课内容的学习兴趣，从而使学生积极主动地参与其中。此外，在角色扮演的过程中，学生往往会表现出非常高昂的情绪，这对整个学习过程都能够起到一个渲染的作用。在这种课堂氛围中，不仅角色扮演者能够快速进入其中，甚至整个班级的学生都能够在不知不觉中找到自己的角色定位，从而更加强烈和深刻地感受历史人物的心理活动历程。这个过程实际上就是学生通过一次又一次的创新，最终获得升华的整个过程。在模拟角色情境复现的整个过程中，不仅学生的个人能力得到有效锻炼，其心灵往往也会受到震撼，潜力也能够得到一定的激发和释放。

4. 现场情境复现

传统教学活动的开展通常都是以教材为主，从书本出发，最后又回归书本，这使得课堂教学活动很容易带给学生呆板或者抽象等印象，导致学生无法做到"耳闻目睹"。而通过现场情境复现，学生往往能够如有所见或者如有所感。如虽然很多历史遗址、遗迹等在较长时期的历史进程和发展中受到各种破坏而显得残缺不全，但是毕竟是某个历史阶段中留下的遗物，能够反映出那个阶段的特征和社会现实。因此，这些历史遗址、遗物等都能够为我们更加准确和清楚地了解前人的历史活动提供参考和依据。基于这一认识，教师便可以在历史课堂教学中将这些历史资源和教材的主要内容充分整合，从而为学生创设更加高效的现场情景教学。

（二）讨论阐释，探究历史——发挥学生主体作用，培养学生的探究能力

1. 地图情境复现，再现历史发展轨迹

地图是为学生直观地阐明历史过程中的联系所必需的有力工具。认识地图，不仅是知道它的点线符号、象征意义，如城市、边界、河流等，而且要从这些符号中看到活生生的历史事实及经济、社会、政治和文化的复杂关系。由于新教材中增加了许多观察地图的内容，学生通过自主学习，能发现其中隐含的更多的历史信息。

2. 运用假设想象情境，拓展思维发展空间

在课堂教学中，设置一种假想的历史情境，要求学生在此历史情境中自主地用学过的知识判断此情境的真实性，让学生展开想象的翅膀去体验历史，考查或培养学生对知识灵活运用的能力。比如，在探究完《清明上河图》后，教师可以给学生留下假设情境题："假如你是一名北宋时代的少年，跟随父亲到汴京游玩，晚上要写封家书，给远方的妈妈报平安，并把白天的见闻讲给妈妈听，你该怎样写呢？"通过想象情境的设置，学生可以依据自己的生活经验和历史知识，更加形象生动地再现历史场景，拓展了他们的思维发展空间，使其想象力和创造力得到最大限度的发挥。

3. 情境体验呈现，实现历史与现实交融

历史是凝固的现实，现实是活化的历史，这便决定了历史学习是一个间接体验历史的过程。因此在教学中，教师从培养学生感知历史的兴趣和方法入手，引导学生学会设身处地地进行历史想象与体验，以加深他们对历史现象和历史人物的理解。如在讲雕版印刷

相关内容时，教师可以让学生带来橡皮泥、牙签、红印泥和白纸。在上课时，教师先让他们自学完这段内容，然后模仿古人进行刻字印刷。在情境体验中，有的同学提出："老师，我印出来的字为什么是反字？"这时教师应该因势利导，发动大家帮他解决这一难题。大家经过反复实验，最后得出结论：先把正字重重写在纸上，再把纸翻过来，照着反字的样子刻下来就行了。这种情境体验，既让学生在游戏中学到了课本中学不到的内容，又培养了学生发现问题、解决问题的能力和在实践中创新的精神。

第五节 资料研习式教学模式

一、资料研习式教学模式的内涵

资料研习式教学模式以学生对历史材料进行研究为主要途径与特点，它的理论基础就是将教学过程当作学生直接参与发现的过程，这就代表只有学生亲自动手、动脑、动口，才能够有效获取信息，掌握必要的技能与方法，才能不断积累学习经验，从而综合提高他们的学习素养。

历史信息主要是以文字资料为载体与媒介的，学生对历史资料的整理、辨析、判断、推理等都是他们学习历史信息的基本方法，学生对历史的认识也是建立在理解与运用历史资料的基础之上的。在初中历史课堂中应用这种教学模式的目的，主要是让初中生学会如何使用历史资料。一般来说，资料研习式教学模式可以分为以下几个教学程序：第一，确定主题，提出问题；第二，提出假设，搜集材料；第三，辨析材料，质疑验证；第四，得出结论，总结提高。

二、资料研习式教学模式在初中历史课堂中的应用

一般来说，在初中历史课堂中应用资料研习式教学模式的基本策略主要包括以下几个方面：

第一，资料研习要围绕历史教学中的重要问题。

第二，要选择一些有代表性的、比较典型的历史资料。材料的内容可以相互冲突，但要保证数量的充足性。

第三，教师可以指导初中生阅读材料和分析材料，但是要采取开放的、民主的教学态度，并在研习过程中体现出以生为本的教学理念。

第四，鼓励学生对材料大胆提出质疑，并且要综合比较、运用历史材料。

第五，虽然得出结论十分重要，但更为重要的是学生是否能够掌握探究的方法与途径，使学生能够将材料当作解释历史的合理证据。

第六，教师要注意引导学生将研习资料与建构知识体系结合在一起。在这些教学策略中，最基础的步骤便是收集、编辑历史材料。在实际的教学中，教师可以主动为学生提供资料，同时也可以让学生通过多种渠道进行自我收集。在资料研习式教学模式下，师生之间是平等的，教师所发挥的作用是指导和促进，是为了帮助学生克服研习中的困难，而非代替学生的思考与探究活动。当前初中历史学科中的研究性学习基本采用的便是资料研习式教学模式。

第六节 社会考察式教学模式

一、社会考察式教学模式的内涵

所谓社会考察，就是人们在一定的计划和目的条件下，对社会现象进行考察研究，从而认识和掌握社会生活所具备的本质与客观规律。实际上，从我国历史发展来看，在很早时候我国就已经有通过社会考察进行历史研习的实践活动了。如汉代司马迁在撰写《史记》的时候，很多内容就是通过走访各地长者获取资料完成的，调查的内容包括地理、民族风俗、遗址遗迹考察等诸多方面，然后将考察获得的资料和记载下来的文字史料进行对比和分析，撰写完成了《史记》这一著作。也正是因为司马迁具备这样一种严谨的态度，才造就了《史记》的史学地位。同样，在20世纪五六十年代的时候，我国的历史学家在对太平天国、辛亥革命等著名的历史事件进行深入研究的时候，也经常性地通过社会考察这一方法收集相关资料。哥伦比亚大学的罗纳德·格里教授认为，社会考察是一种具有重大意义和价值、令世人注目的道德历史研究手段。近些年来，人们不仅在搜集重要的历史资料和进行历史研究的时候会用到社会考察这一方法，而且在历史课堂教学活动中其也作为一种比较新颖的手段开始被应用。随着时代的不断向前推移，学生和历史之间的距离逐渐被拉大，初中阶段的学生对于历史知识的学习和掌握正在减退，这已经成为一个不得不关注的事实。针对这一现状，美国近些年颁布的课程标准中便提出了一些可行性较高的建议，其中比较有效且受人欢迎的一个，当属让学生对社区中的老人进行访谈来了解和掌握历史知识。英国学者巴格通过相应研究和分析发现，相较于历史全貌，学生往往对于历史事件的具体细节抱有更大的兴趣和欲望，很多学生表示，通过这种口述访谈的手段来搜集和掌握相关的历史资料，是非常有用且具有重要价值的，相较于传统教学活动中被动地接受历史知识，这种亲身访谈能够给他们带来更大的满足感。这一观点在我国香港地区的具体研究中也得到证实。在香港新界的一所中学里面，教师为了让学生更加全面和深刻地掌握历史知识、理解历史意义，获得更强烈的感受，在课堂教学活动中就会给学生布置一些开放性的课外习题，如向家中长辈询问他们在日本侵占期间的生活是什么样子，并将其感受最为深刻的事情记录下来。由于通过这种方法学生能够更加清楚地了解到自己家人的想法和以往的生活，因此这种方法受到众多学生的欢迎。而且事后我们对这一活动进行的调研结果也表明，很多学生对于历史学习的兴趣都获得了明显提升。

在 20 世纪五十年代的时候，我国的历史教学大纲就设置了部分需要通过社会考察完成的内容。在 1978 年颁布的《全日制十年制学校中学历史教学大纲》中更是明确表示，学生应该以自己需要学习的历史教学内容为线索和条件进行参观、探访或者社会调查等活动。随着新课程改革的不断深入，在新制定的历史教学大纲与课程标准中，都对社会考察进行了更为明确的规定，甚至已经将其归入历史学科中基本教学内容的范畴，这充分体现社会考察的重要价值。

在将社会考察式教学模式应用到初中历史教学活动中的时候，主要是通过与校外调查研究有机结合来实施和开展的，其基本理论贴近社会生活与实际，提倡将理论与实践进行结合，将教材中的理论知识与学生的实际生活相结合，从而使学生通过社会考察获取和掌握有效知识信息。在初中历史教学活动中，采用社会考察式教学模式的主要目的，是让学生通过这一手段获得更加直观的学习材料，获得更加真实的感受。社会考察式教学模式的开展形式是非常多样的，如实际考察、走访群众、社会调研等都是这一模式的重要体现。一般来说，社会考察式教学模式的开展会包括以下几个程序：第一，确定主题，提出任务；第二，制定方案，明确分工；第三，选择场所，实地实施；第四，搜集信息，加工整理；第五，形成成果，交流总结。

历史究竟是什么？实际上，过去发生的事件或者存在的事物等遗留下来的诸多信息，都可以称得上是历史，其不仅内容十分丰富，涉及面也是非常广泛的。因此，单纯依靠历史教材是无法将其全面展现的，很多相关资料是存在于历史教材之外的。从这一认识来看，在学习历史的时候冲破课堂的束缚非常重要。引导学生通过社会考察这一手段获取知识,能够有效锻炼和提升学生的信息搜集能力、社会交往能力及实践能力等。具体而言,在初中历史教学中引入社会考察式教学模式具备以下几个方面的优势:第一,能够改变传统教学活动中静态单一的历史教学风貌,能够给历史课堂带来更加丰富的动态化教学内容,使课堂教学活动充满活力;第二,社会考察教学模式能够更加强烈地体现出历史的个性化特征,也能够使历史更加真实直观地呈现出来,如此便有利于学生在社会实践中得到一种更加深层次和复杂化的情感体验,有利于学生将自身经历与国家大事进行联系,从而推动其树立正确的价值取向;第三,社会考察教学模式能够打破课堂教学与社会之间的割裂局面,将课内外教学活动进行有效结合,使教材教学和社会实践教学统一协调。与此同时,这一教学模式也能够推动教学相长,在提升初中学生历史素养方面发挥重要作用。

二、初中历史社会考察式教学模式中的内容

(一)家庭史

一直以来,家庭都被认为是社会的一个缩影。而且在近些年,尤其是新课程改革背景下,家庭史更是成为历史学科中发展非常迅速的内容。如今很多历史学家都能够以一个区域中的个人或者家庭经历为切入点,对当时的社会结构与特征等进行推测,并得出可靠的有关这一时期整个社会的行为方式和价值观念。例如,熊月之在《口述史的价值》中表示,上海史学界的诸多学者在对上海移民史进行研究的时候,便会将生活在这一城市中的普通民众作为访谈对象来进行调研与访谈,内容涉及人们迁移的时间、原因、交通工具、人们经济收入的主要来源、家庭人口变动状况、风俗习惯变化等诸多内容。他这样写道:访谈记录大大丰富了上海移民历史的内涵,深化了对许多历史问题的了解。因此,在利用社会考察式教学模式开展初中历史教学活动的时候,教师也可以让学生对自己的家庭经历、人口变化等进行调查和了解,并将其记录下来转化为文字资料。在这种教学模式中,历史内容和教学活动都不再死板单调,学生能够在活动中获得情感丰富的体验,这不仅能够使学生更加深入地了解自己家庭的过去,而且能够强化其与家人之间的沟通交流。

(二)社区史

从诸多的历史著作与历史研究活动中我们可以看到,社区概念在其中的作用和价值越来越突出。例如,美国有一些历史学家曾经就通过对殖民地的社会制度、价值观念、政治经济状况等进行研究,分析美国的社会性质及其民族性格。因此,对社区史进行必要研

究已经成为历史学中人们深刻、全面认识社会的一种重要且有效的途径。在开展初中历史教学实践活动的时候，教师可以安排和组织学生走访社区，拜访在社区生活时间较长的居民，从而更加全面地了解社区的发展和变迁。不仅如此，通过这一活动学生还可以对社区、社会、种族及其相互关系的历史渊源和未来走向有历史性的认识，使学生感受社会和谐的重要性。

在进行社区史考察的时候，除了可以让学生依据本区域内的文史开展社会调查，历史教师还可以组织学生对相关的社区产业发展，进行适当的调查与研究。例如，教师可以对学生进行分组，安排小组对城镇的主要街区进行实地调查。在这一过程中，学生通过相互合作，往往能够发现一些具有一定研究价值的历史资源。再如，教师还可以依据特定的条件，对本区域内商业区的分布进行合理划分，然后让班级中每一个小组选择一个职业，并由其自己去联系和寻找特定的访谈对象。具体的访谈内容应该涉及如下一些方面，如"您是什么时候开始进入这一行业""什么原因使得您选择这一行业""至今遇到过哪些困难"等。通过这种形式，学生能够更加清晰地了解本区域经济的发展历程，能够更加广泛地接触社会，并且可以从这些成功人士的经历中获得课堂教学和教材无法提供的宝贵财富，这对于学生的成长和发展有积极的推动作用。

除此以外，教师还可以组织学生针对本区域内的古建筑、古树等进行访谈，了解其背后蕴含的历史意义，感受区域历史文化，习得历史知识。学生通过亲身考察与探访，直观地发现这些寻常事物背后所蕴含的历史意义，更能够将其对本区域的热爱之情激发出来。

（三）学校史

从学校史本质属性来看，其自身便是历史学内容的一个重要组成部分。而对于学生来说，学校史往往是一种能够带来鲜活体验与经历的历史。从学校史的内涵来看，这所学校在发展过程中所经历的方方面面均属于学校史的范畴，如学校建立的时间、学校的机构设置、学校的教师和学生、学校的特色管理，等等。

在对学校史进行考察和调研的时候，人们一般都是将在学校任教时间较长的教师或者从学校毕业的校友为对象，即我们通常理解的"资源人物"。而访谈的主要内容一般是某个历史阶段中学校的建筑情况、服装特色等方面，学生可以和这些"资源人物"直接进行互动和沟通，并将他们提供的信息以文字的形式记录下来。此外，教师和学生还可以邀请这些"资源人物"来学校参观，通过校园的变化来激发他们的记忆和认识，使他们能够提供更加丰富、更加详细、更加清楚的资料与说明。

此外，对学校史进行考察也能够激发学生的好奇心和兴趣，使其能够以更大的乐趣投入对学校历史的发掘中。有些学校具有较长的历史，不仅在校门处能够看到具有历史痕迹的校名和题字，在学校建筑建设完成的时候也常常会立碑。这些资源都是学校历史的典型代表，教师和"资源人物"都可以以此为主线和线索，将学校的建设和发展历程介绍给学生，使学生对学校发展脉络有一个更加清楚的认识。校史陈列室也是展现和保存学校史料的一个重要机构。一般来说，学校的变革、学校的老照片、校友的介绍及学校的成就等都会被保存在里面，通过观看这些史料，学生也能够更加直观和深刻地了解学校的历史演变。

（四）访问亲历者或知情人

访问亲历者或知情人，即对直接参与到这一历史事件中，或者亲眼见证这一历史事件产生，或者其他一些对历史事件有充分了解的人员进行调查和访谈，这在史学研究中是一种具有重要地位和价值的方法，在近代史研究中使用比较广泛。从整个人类历史进程来看，其活动是非常复杂且繁多的，无论档案记载多么丰富和详细，往往也只能记载下来真实历史中的一小部分，人们生产生活的经历和见闻等是无法完全被记录下来的。此外，由于我国经历了很长一段时间的封建社会，因此文献记载的重点大多都集中在统治阶级及部分社会精英的活动，对于普通民众和底层民众的生产生活记录很少。而针对亲历者或者知情人进行访谈和询问便能够有效弥补文献记载存在的不足。因此，很多历史研究人员都非常重视这一社会考察手段。例如，在 20 世纪 50 年代的时候，唐德刚就有计划、有目的地对李宗仁、陈立夫、顾维钧等人进行访谈，并获得了很多珍贵的、直接性的历史资料。而美国在历史研究方面有一个非常著名的项目，叫作"奶奶，你在战争中做什么"。这一项目的开展主要就是对亲身经历过第二次世界大战的普通士兵和民众进行调查访问，将其对战争的感受完整而真实地记录下来。

近些年来，历史教学实践活动中也逐渐发现访问亲历者或知情人这一研究手段的身影。如 1999 年，我国香港地区就有一些历史研究人员和三所初中的历史教学展开合作，以"历史双城记：城寨与香港"为主题，设计了一个社会考察活动，主要目的就是使学生认识到拥有百年历史但在 20 世纪 80 年代被拆除的九龙寨城的历史面貌。有一些学生在朋友或者家人的帮助下，对曾经在九龙寨城居住超过 30 年的一位女士进行了访问，并提出了一些问题，如是否害怕被骚扰、城内居民的文化水平是不是低于城外居民。而让人比较意外的是，这位女士一直强调九龙寨城居民都具有很强的团结互助精神。通过这一实际的调查，学生能够更加全面地认识和了解九龙寨城的历史面貌，并且能够学会从多个角度思考与看待问题。

（五）历史考察

所谓历史考察，就是对历史遗迹、遗址、遗产等进行考察，搜集与历史事件或者任务有关的故事、歌谣等资料。在历史研究的开展中，很多历史遗产、事件文字记录等都能够为研究人员提供具有较高价值的材料。例如，学生如果对明清时期的徽商抱有较大的兴趣，那么想要真正了解其历史，就需要到皖南地区进行实地考察和调研，了解当地的风俗习惯、价值观念、环境特点、家族传承等，但是需要注意区别旅游、考古和历史考察之间的不同。总的来说，旅游的主要目的是休息；而历史考察主要是对历史遗迹、遗产等事物进行研究调查，从而获取自己所需的历史知识，是一种学习研究活动；而考古主要是对新发现的历史遗迹、遗址等进行科学发现与考察，主要是收集更多、更具价值的历史事实资料来更好地感知历史。

在初中历史课堂教学活动中，教师应该尽可能地为学生提供更多有利条件，使其能够尽可能方便和有效地接触历史教材与历史遗产，并且要遵循因地制宜的原则，将本地区所拥有的历史资源的教学价值充分体现出来。例如，上海的初中历史教师在给学生讲授近代史中的租界问题时，便可以安排学生对上海外滩那些保存比较完好的近代欧洲风格的建筑群进行实地考察；天津的初中历史教师在教授第二次鸦片战争相关知识的时候，便可以组织学生实地考察大沽口炮台遗址。此外，如果条件允许，在组织学生考察历史遗产的时候，教师还可以邀请这一领域比较权威的专家跟随，为学生更加深入地讲解遗产所呈现的历史风貌和意义，学生在参观的时候可以通过文字、图片或者拍照记录下来。在考察完成之后，教师应该要求学生撰写自己的心得体会，但是尽量不要限制形式，学生可以通过自己擅长的方式如文字、图画等进行展现。除了上述历史遗产之外，民间流传较为广泛的传说、历史歌谣等也具有一定历史价值。这些民间传说和歌谣都是源于民间人们的实际生活，能够在很大程度上直接反映出普通劳动人民对历史的真实看法，而且一般通俗易懂、朗朗上口，常常能够更加生动形象地展现出历史的真实面貌，也有利于学生历史兴趣的有效激发与调动。因此，在历史考察的过程中，教师也应该注意历史价值，要引导学生主动收集和学习这些民间传说和历史歌谣。但是需要注意，无论是传说故事还是歌谣，都是由人编撰的，因此并不全是真实可靠的，需要教师和学生仔细甄别和筛选。具体来说，在鉴定其真实性的时候，教师和学生应该将其与当时的历史真实条件进行结合对比，查看其内容是否符合实际，同时还要与相关的文献资料进行对比，依据真实的历史背景来辨别内容真伪。

三、社会考察式教学模式在初中历史课堂中的应用

在基础教育改革的进程中，我们始终遵循的一个基本方向就是逐步改变以教师、教材以及课堂为中心的教学现状，应该提倡通过多种教学手段来更好地实现教学目标。而对于历史课程教学而言，"进行历史方面的社会调查""采访历史见证人"等体验性活动已成为基本的教学内容。但是受应试教育中传统陈旧教学理念的影响，社会考察在初中历史教学中的应用缺乏经验，很多教师在实际应用的时候还会出现很多问题，这个时候就需要教师从调查前、调查中及调查后等各个阶段思考。

（一）调查前

1. 掌握背景资料

在实施社会考察前，教师必须对其有充分了解，要充分认识其价值、作用及常用手段和方法等基础内容。考察对象一旦明确下来，教师就需要帮助和引导学生搜集相应的社会背景资料、考察对象的经历等信息，使学生能够更加深刻地唤醒考察对象对某个历史事件的回忆。

2. 合理分工

在社会考察时，教师必须依据实际的考察内容来对学生进行合理分工。例如，对自己家庭成员或者亲戚的访谈，只需要学生自己去完成即可；如果涉及社会层面一些比较复杂的活动，就需要安排多名学生组成小组，团结协作来完成考察任务，并且在最终提交作业时应该标明哪位学生负责了哪部分内容。

3. 确定访谈内容

访谈和所谓的"侃大山""天马行空思维"等有本质差别，因此必须避免那些较为离谱和跳脱的问题出现，在访谈过程中，我们必须有效把握住访谈的焦点和时间。在社会考察以前，教师和学生都应该对考察主题进行确定，以此为主线来设置访谈问题，拟定访谈提纲，如此才能够在访谈的时候对重点内容做到心中有数。在分析问题的时候，我们还应该确保问题具有一定的开放性，如此才能够激发访谈对象讲述的欲望，从而收获更好的访谈效果。

4. 邀请访问对象

初中学生年纪比较小，而且也不是专业的采访人员，因此很容易出现各种问题。这

个时候，就需要教师先和访谈对象进行适当沟通，提前告知其访谈的主要目的，之后再让学生根据计划展开访谈。在一些特定情况下，教师还可以亲自带学生拜访访谈对象。而在邀请访谈对象的时候，教师可以让学生亲自上门拜访，也可以直接邀请其来教室接受采访。无论是哪一种方式，都需要注意明确具体的时间、地点和考察主题，以便让访谈对象做好准备。

5. 建立良好的互动关系

有一位非常擅长历史调查的专家曾经指出，在对别人进行采访和考察的时候，要始终保持一颗敬畏之心，恭敬地向别人虚心请教。在历史考察中，很多受访者年纪都是比较大的，记忆力已经退化，很多时候讲话也是缺乏逻辑性的，有时候甚至会出现张冠李戴的情况。这个时候调查人员必须保持镇定，切忌急躁和慌乱，可以通过商量和探讨等手段引导受访者回到原来的主题上面。对于初中学生而言，在社会访谈过程中更是应该这样，不但态度要恭敬，而且交往礼仪也应该恰当，要让受访者有被尊重的感受。此外，在访谈的过程中很可能会出现一些生成性问题，这些往往都是谈话时即兴形成的，因为良好的互动会让受访者畅所欲言，而非有所保留。

6. 模拟演练

在访谈过程中，由于学生和受访者都已经提前对相关知识有所了解，如果只是针对准备好的问题进行提问，双方互动会比较无趣。因此，教师可以事先安排学生进行模拟演练。例如，教师可以安排学生进行角色扮演，找学生分别扮演采访者和受访者，使学生更好地把握自己的访谈内容和问题，并对其进行适当调整，如此才能够帮助学生在正式调查中灵活应对。

（二）调查中

1. 引导谈话

在实际的调查过程中，学生应该按照事先设置好的问题来开展访谈活动，一步一步地引导受访者根据主题发言。但是"计划赶不上变化"，在实际的调查活动中，总是会不可避免地出现受访者不配合，或者不理解问题等突发状况。面对这种情况，学生切忌打断或者限制受访者发言，而是应该慢慢引导其回到主题。此外，在访谈过程中，学生如果发现受访者出现明显错误，切忌直接指出或者斥责，而是应该稍加提醒或者在相应的位置进行标注和解释。

2. 记录内容

对于访谈活动来说，一般都是需要"有闻必录"，因此访谈活动中一般都需要录音设备参与其中。在访谈过程中，面对一些专有名词或者不够清楚的历史内容，学生应该请受访者对其进行解释和说明，并且记录下来，以便后期更好地进行讨论和整理。如果条件允许，访谈的时候学生还可以准备摄像机等设备，对整个访谈过程进行实时拍摄记录，并将一些具有历史价值的物品记录下来，使"声、像、文"相互结合，使历史更加具体化。

（三）调查后

1. 整理资料

访谈结束后，学生即可进行资料整理与核实，然后进行适当的整合加工，将其转化为文字资料。在资料整理过程中，师生可以邀请受访者进行检查，以确保资料准确无误。

2. 全班研讨

利用社会考察、访谈等手段进行资料搜集虽然非常重要，但鉴定和诠释历史资料这一步骤更为重要。在初中历史课堂教学中，教师可以组织学生围绕访谈资料进行讨论。例如，引导学生对访谈内容、文献资料及教材内容等进行对比，看看哪部分内容更加真实可靠、哪部分内容存在比较明显的历史错误、哪部分内容观点比较不同，然后引导学生在小组内对导致这一情况的原因进行讨论。

3. 成果评价

在全班研讨完成后，教师还需要指导学生撰写调查报告，并且将过程中需要注意的问题，以及需要突出的重点向学生介绍清楚。报告的主要内容应该涉及小组成员的具体分工、访谈活动的心得体会及主要成果等。教师在评价学生报告的时候，可以依据以下标准：学生是否提出了一些具有误导性的问题？学生与受访者之间的互动怎么样？学生搜集的资料是否足够可靠？采访内容是否能够与其他的文献资料进行相互补充与配合？学生的历史考察结果可以被看作是历史成绩的一个评价内容，教师还可以在橱窗内展示与公布优秀的学生作品，或者将其刊登在学校的刊物中。

总体来说，社会考察式教学模式是一种十分创新的教学模式，教师、学生、受访者是影响这种教学模式实施质量的重要因素。因此，教师需要认真准备与指导，促使社会考察式教学模式不断达到预期的效果。

第八章
初中历史学习方法具体指导

第一节　增强学习历史的内驱力

美国哥伦比亚大学教育学院历史系的戴安娜·诺维茨教授说："没有历史头脑的民族是健忘的民族，一觉醒来，他们就不知道自己是谁了。"司马迁说过："有国者，不可以不知《春秋》。"我国许多伟大的政治家、科学家都具有丰富的历史知识。著名的天文学家竺可桢，正是在研究了我国史志、方志、古诗、游记，掌握了中国古代气候变迁的线索之后，才写出了论文《中国近五千年来气候变迁的初步研究》。正如英国哲学家培根所说"读史使人明智"。确实如此，那么，怎样让自己通过历史的学习真正做一个有头脑的"明智"之人呢？要实现这一目标，我们首先应使自己明确学习历史的重要性，及早地爱上历史，学习历史时定会有积极性和主动性，自然会收到更好的学习效果。

一、学史可以增强爱国情怀

爱国主义情操是每位公民必备的优秀品质，学习历史可以点燃我们的爱国之情，激励我们把爱国之志变成报国之行。

其一，学习中国古代史中辉煌灿烂的文明、文化，可以激发我们的民族自豪感。如蜚声世界的陶瓷、丝绸、四大发明、万里长城、秦陵兵马俑等，这些遗产直到今天还被世界各地人民交口称赞；诸多的"世界之最"也在证明中国古代的辉煌。

其二，教材中还记载了大量历史人物的爱国名言，如：顾炎武的"天下兴亡，匹夫有责"；孙中山弥留之际留下遗嘱"革命尚未成功，同志仍须努力"；毛泽东"身无分文，心忧天下"；周恩来的"为中华之崛起而读书"；等等。在学习过程中，这些人物事迹都能激励我们的爱国之心、报国之志。

其三，历史教材中还有大量弘扬中华民族优良传统的素材。如：关天培、邓世昌以身殉国，戚继光忠心报国，谭嗣同舍身变法，董存瑞舍身炸碉堡，这些英雄行为及坚定的信念，早已成为中华民族传统美德，也在无数人心中树立起一座座不朽的丰碑。

其四，中国近代的屈辱史可以增强我们的历史使命感，如：列强对华的五大侵略战争，《南京条约》《马关条约》《辛丑条约》等一系列不平等条约的签订，让我们明白"落后就要挨打"的道理，它可以增强我们自立、自强的信念，让我们懂得了强国的重要意义。

其五，中国革命先烈为了国家、民族的危亡前赴后继，顽强斗争的革命史，让我们记住历史，珍惜今天，为祖国的明天贡献自己的力量。不仅中国历史中的事例可以激发我们的爱国热情，我们还可以在学习世界历史的过程中受到爱国主义情感的熏陶。

二、学史可以明白做人的道理

长期以来，为了考试得高分，我们把学习的重点只放在接受具体知识，理解概念，掌握解题方法和步骤上，却忽视了正确的人生观、世界观、价值观对于我们成长的重要意义，这造成了我们一些同学在人格上或多或少存在一些缺陷：缺乏追求进步的精神动力，或畏惧困难，或抗挫能力差，情绪起伏大，或自我定位太高，以自我为中心，无法与他人善处，等等。这些人格缺陷直接影响着我们身心的健康发展，抑制了内在潜能的发挥，也影响了学习质量的提高。但我们可以从历史教材所蕴含的丰富的人格教育素材中充分汲取养分，不断对自己进行人格熏陶和激励，以在潜移默化中实现人格的良好转变。如："人生自古谁无死，留取丹心照汗青"等咏志诗句与秦桧等出卖国家民族利益的内容所形成的鲜明的对比，引导我们树立积极的人生观、世界观、价值观。在历史学习中，许多优秀人物的人格魅力也在感染着我们，如司马迁、罗斯福身残志坚的事迹，帮助我们养成矢志不移的顽强意志；布鲁诺、居里夫人、李大钊等人的事迹，帮助我们确立追求科学和真理而勇于献身的求知态度；哥伦布、麦哲伦等人的事迹，帮助我们养成克服困难，勇于探索的品质；邓小平、彭德怀等革命家的光辉业绩，帮助我们树立笑对挫折，胸怀坦荡的意志品格。

三、学史可以激发聪明才智

历史学习可以让我们了解许多古今中外的大事，扩大知识面，增长见识，丰富头脑，还帮助我们理解许多哲理。如：通过对曹操、拿破仑等历史人物的评价，我们可以掌握一分为二这把钥匙，养成实事求是的态度，提高判别是非的能力；通过对英国资产阶级革命、法国大革命、美国独立战争爆发原因的分析，我们可以懂得生产力与生产关系、经济基础与上层建筑、人民大众与领导个人作用等之间的辩证关系，并以此说明历史发展的规律；从政治、经济、社会意识形态等多个角度分析历史事件，提高我们多方位的思维能力。在学习中，我们还应注意有理、有序地思考和解决问题，逐步养成严谨规范、一丝不苟的思维品格，还应注意加强历史事件之间横向、纵向的联系与比较，准确理解和把握历史材料和人物言论的深层含义，拓宽思维的广度、深度，来提高我们发散型思维的能力，让我们更加聪明睿智。通过这样的学习，我们可以掌握一定的历史唯物主义和辩证唯物主义的观点。

总之，学习历史的重要性有许多，我们还需要在具体的历史学习中进一步感受和发现，但学习历史能让人终身受益，这一点是毫无疑问的。

第二节 学习历史的策略

我们很多同学认为历史学习只是死记硬背，枯燥乏味，甚至"谈史色变"。其实这是因为没有理解历史学科的特点，没能掌握历史学习方法。爱因斯坦说过："成功就是艰苦的劳动＋正确的方法＋少说空话。"只要养成良好的学习习惯，采用正确的学习方法，历史学习一定会事半功倍，其乐融融。

一、新知学习"三环节"

（一）学会课前预习

课前预习是学习的重要环节。教科书是国家教育部门组织专家、学者和有经验的中学教师编写的，是一般的学习参考书无法替代的，所以，预习应首先阅读教科书。通过读教科书做到：①对学习内容有个大致的了解，明确重点难点，以便上课有目的、高效地学习。②遇到的疑惑，可做好标记，以便上课时重点突破，迎刃而解。③预习时还要扫除文字阅读障碍。

预习是自主学习的过程，我们还要充分运用教师提供的导学案、微课、PPT、网络资源等进行自主预习，遇到疑难可以通过QQ、微信等信息手段求助同学和教师。

（二）学会课堂听课

听课是学习的关键环节。我们要：会听、会看、会记、会思、会个性学习。①用耳会听，听讲要注意听重音、听缓处，以听懂教学的重难点、易混淆的知识点，提高听课质量。②用眼会看，带着目的、问题看书，看教师的板书、PPT等，锻炼阅读理解、自学能力。③动手会记，记笔记的内容应是教学内容，教材的浓缩、精华，要分清主次、不可面面俱到。内容可包括重要知识点；与教材相关的补充内容；体现教学重点、难点的典型例题及解题方法。④动脑会思，依据教师指导的方法动脑思考，经历分析问题、解决问题的过程，培养思维能力，学会思考。⑤依据自己的学习基础和理解能力，充分利用教师提供的不同层次的学习资源，学会个性化地学习。

（三）学会课后复习

课后复习是学习的巩固提高阶段，我们要依次做好三件事。①尝试回忆。按老师讲课的思路，回忆学习内容，将要点记下来。回忆不出来的，再翻看书和笔记或借助教师的微课等学习资源将它学会。②阅读教材。看书时，将重要知识点勾画出来，并将主要内容用尽可能少的字概括出来，在空白处写好批注。③独立完成作业。学生要大胆地按自己的思路独立完成作业，尝试完成高一层次的作业，如果做错了，求助教师和同学共同分析错误原因，这样才能达到主动学习的目的。

二、历史教材"九阅读"

历史学习一定要提高对历史教材的阅读能力。我们往往是抛开课本背笔记，丢下教材看资料；即使看书，也只看大字正文部分，其他一概不看。这样是很难学好历史的。阅读历史教材要全面、仔细，要提高阅读能力，既要快速浏览，也要重点解读，还要带着问题去研读。下面我们就来看看阅读时我们应该注意哪几方面。

（一）阅读课前"说明"，明确学习目的

教材"说明"中提出：教材的编写，旨在进一步提高学生的思想道德品质、文化科学知识、审美情趣和心理素质，培养学生创新精神、实践能力、学习的能力和适应社会生活

的能力，促进学习的全面发展，为高一级学校和社会输送素质好的合格的毕业生。

这段话，让我们明确历史学习的目的，这是学习成功的前提。

（二）阅读课文目录，形成框架结构

历史课文是以章节体系编排，每一章构成一个单元，体现出一个特定的历史阶段，反映出历史知识的系统性、逻辑性。经常阅读目录，便于我们从宏观上把握本册历史结构，从而避免"盲人摸象"的局限，而且可以做到纵横对比，融会贯通。新课程是以专题形式编写的，阅读目录可以对该专题有个立体的了解。

（三）阅读章节导言，把握背景线索

导言是高度概括浓缩的语言，读导言便于从宏观上了解这一章的内容，明确该章大事所处的时代背景，从而形成立体的时空观和系统的历史感。常读导言还可以提高历史概括能力，"去粗取精，由表及里，由此及彼"。

（四）阅读历史正文，夯实历史知识

每节正文 1200~1300 字，显然是学生学习的重点和主体，因此我们要高度重视。每节都有相应的子目，阅读正文要围绕课题与子目，了解历史的原因、经过和影响，注意每节历史事件、人物的关系，要分析历史动因和影响，理解历史表象背后的因果关系。读正文，要注意领会理论性的表述和历史结论性的话语。正文的阅读应带着问题去研读。如《鸦片战争》这一节，要思考：英国为什么要发动鸦片战争？林则徐为什么是中华民族伟大的民族英雄？鸦片战争中国失败的原因是什么？鸦片战争对中国社会产生什么影响？这些问题在课文正文中是可以找到答案的。

（五）阅读小字、注释，拓展历史思维

小字每课时也有 1000 字左右，我们在学习中最易忽视。小字是正文的说明、补充、拓展或分析。虽然小字往往不做考试的主要内容，但却可丰富历史知识，开阔视野。如《中国近代史》上册有关"三湾改编"的内容。一些注释，除了扫清文字障碍外，还介绍某些学术观点，也不妨阅读一下，以启发思考，拓展思维。更何况，小字、注释，文字生动，引人入胜，可以激发我们学史的兴趣。

（六）阅读文献材料，提高研究能力

每节课 1~2 条材料阅读，不仅能让我们直接感受历史，还可以提高认识能力，"去伪存真，由表及里"。如《洋务运动》一节引用李鸿章的话："我办了一辈子的事，练兵也，海军也，都是纸糊的老虎……"材料的阅读不仅要通过注释来扫除文字障碍，而且要结合课文了解材料背景，更要运用科学的理论对材料进行加工整理，更大限度地提取有效信息。

（七）阅读历史地图，形成时空观

古人治史，尚且"左图右史"，我们学习历史更要结合地图。课文本身有地图，另有单独的历史地图册，边读史书，边对照地图。如有些地图是战争形势图，体现战争动态过程，结合地图用彩笔勾勒，了解战争的经过、结果，以便形成立体的、完整的空间观念。我们在平时学习历史过程中最容易忽视读图，所以要格外重视。

（八）阅读历史图画、表格，提高观察力、想象力

历史书里每节的图画 4~6 幅，此外还有些表格。这些图画有历史人物画、遗址图及历史场景等。多读图画可以提高我们对事物的观察力、想象力，使新学的历史知识更直观，更立体，更丰厚。这些图画不少还是艺术精品，也可以给我们以美感。

（九）阅读书后年表，理清历史线索

课后的大事年表要反复读，每章节的大事年代一定要牢记。只有记住年代，才能对庞杂的历史有清晰的认识，才能形成系统的历史知识。我们最怕记年代，因此我们要探究记忆方法，提高记忆力。

以上只是要求历史阅读要全面，要到位，而历史阅读的方法还很多，需要我们在历史学习中不断总结。

三、历史学习"三步法"：了解（准）——理解（深）——见解（新）

根据中学生的认知规律和历史学科的特点，我总结了历史学习三步法。这三步是由表及里，由浅入深，由点到线再到面，循序渐进，循环往复，便于进行高效、系统而有趣味的历史学习。

"了解"是历史学习第一步。即了解历史事实、梳理历史线索、概括阶段特征等。历史就是人类社会以往的运动过程，它是一定人物在一定时间、地域内进行的一些重大活

动。因此，每一个历史大事的要件都要了解清楚，诸如人物、时间、地点、事件、经过、结果等都要了然于胸。"了解"的要求一是"准"，历史是一门科学，科学要求准确严谨。这就要求历史学习要建构明确的时空观。一是"全"，即方方面面，全面掌握。全面掌握不是眉毛胡子一把抓，要善于概括梳理，做到"去粗取精"。如《鸦片战争》一节，我们就要了解战争的过程：战争的起止年代、作战双方、战争路线和阶段、重要的反抗斗争、主要人物等。"了解"的基础是记忆，因此，要提高记忆力，探究记忆方法。

"理解"是历史学习第二步。历史学习要求弄清历史事件、历史现象的因果关系，揭示历史偶然性和必然性的辩证联系，理解重要的历史概念等。理解的要求是"深"。这就要求历史学习时应精读、细读、有重点地阅读；要善于综合阅读，诸如历史地图、历史材料、图片乃至注释都应有目的地读一读；学习时，要讨论，要探究，要思考，要查阅资料，要整理笔记，生生合作，师生交流。如学习《鸦片战争》，我们就要思考：这场战争的爆发是必然的吗，清政府为什么会战败，为什么鸦片战争标志着中国近代史的开端，等等。

形成"见解"是历史学习第三步。我们常说，读史使人明智。历史学习要从历史的成败得失中总结经验教训，从纷繁的历史现象中获得深刻的历史启迪，要善于在历史的联系比较中获取历史认识，运用正确的观点对历史人物、历史事件进行科学的评判。"见解"的要求是"新"，即要有新意，不可人云亦云。要去感受历史，从历史中获取人生智慧，要学以致用。仍以《鸦片战争》为例，我们要从战争的成败得失获得见解、启迪：落后就要挨打；政治腐败必然导致军事失败；腐朽落后的封建主义不是新兴资本主义的对手；林则徐是伟大的民族英雄；勿忘国耻，振兴中华等。

"了解——理解——见解"三步为一个整体，不可分割。"了解"不可或缺，是历史学习的前提和基础。历史课的"预习"也应属于"了解"这一步。"理解"是至关重要的一步，是历史学习的关键，体现历史学习的特点。课堂历史学习主要是"理解"这一步。而形成"见解"是历史学习目的所在，其要求较高，要培养创造思维，加强理论学习。"见解"这一步还应延伸到课外。如研究性学习中的历史考察、历史采访、历史辩论等都不会局限在课内。"历史学习三步曲"要求历史学习要由粗读到细读，由宏观把握到微观掌握，由封闭式孤立学习到开放式合作学习，由被动地接受式学习到主体性探究式学习等，还要求把历史学习和政治、语文、地理等学科有机地结合起来，体现综合化的特点。

四、历史复习四步曲：史实 —— 史通 —— 史论 —— 史感

历史课如何复习，向来是我们学生感到困惑的问题。单纯的强化训练，未免枯燥；

一味地读书背记，难免单调。我探索出历史复习四步曲，即"史实→史通→史论→史感"。具体而言，即以章为一个复习单元，以训练为主线，按照四个步骤，循序渐进，由点到面，由浅入深，形成系统的历史时空观，并让历史认识上升到一个新高度。

（一）第一步："史实"——知识整合

历史复习的第一步，要梳理该章主要大事，归纳历史线索，概括阶段特征。这就要求我们对基本史实和阶段特征的掌握必须准确、全面，要建构清晰完整的历史体系。复习时，要快速阅读，迅速翻检，准确勾勒历史线索，从政治、经济、文化等不同层面概括历史阶段特征。如《从国共合作到国共对立》这一章，可以概括三条线索，即国共两党由对峙对抗到合作和平；中日民族矛盾不断上升为主要矛盾；中国共产党由幼稚走向成熟。

（二）第二步："史通"——联系比较

联系与比较，触类旁通，古今中外融会贯通，形成立体思维。这一步要求我们不能拘泥于本章的内容，而要以本章知识为主要出发点，前后联系，能力迁移。如"抗日民族统一战线的形成过程"这一知识就跨越两章内容，涉及两个阶段十件大事。历史复习的第二步显然比第一步要求要高，要放宽历史视野，善于纵横联系，这就要求历史复习不能支离破碎，要有通概的眼光。我们要学会掌握教材的内在联系，做到竖通、横通，同类项的史实，竖看有一条线；同时代的面貌，横看有一个面，千头万绪的历史问题都能各就各位，交织成网络，达到纵横有序，左右逢源，学会以重大线索整体把握历史知识，并能自行归纳总结历史事物的纵横联系，那么大家学习历史知识的能力和技巧便会在巧结知识网络中得到提高。

（三）第三步："史论"——史论结合

运用所掌握的一些理论，对历史人物、历史事件进行评价，对历史现象进行探索质疑，科学分析历史的因果关系，使历史学习上升到较高理论层面。"史论结合"，要求历史阐释时要论从史出，立论鲜明，要把基本的理论观点融入对历史事实的分析评价之中，既不能把理论像标签一样贴在史事上，也不能将理论加史事搞成拼盘状。

（四）第四步："史感"——感受历史

我们通过系统的历史学习和复习，感受历史，走进历史，体验历史，形成全新的历史时空观和历史新感受。"史感"更多的是体现出史学的功能，从历史中认识现实，增强时代使命感和社会责任感,从历史的成败得失、纵横比较中,产生新的经验教训、启发,以此指导生活,引领人生。

历史复习四步法是复习时大致的四个步骤,这四步之间是互相关联的,不要割裂开来,要互相渗透,互相联系。"史实"是前提,是基础,主要是掌握记忆的方法,提高归纳、概括的能力,复习时要求准确全面。"史通""史论"是核心,是关键,突出体现历史系统复习要求,要善于联系比较,提高分析理解能力,尤其要善于运用历史思维和科学理论分析问题、解决问题。复习时要求深刻系统。"史感"是历史学习、复习的终极目的,是逐渐形成的过程,突出体现历史学科的社会功能。总之,历史学习、复习中有意识形成这四个步骤,会提高学习效率,发展学科能力,增加学习历史的乐趣。

五、历史学科五个核心素养

历史学科核心素养包括时空观念、史料实证、历史理解、历史解释、历史价值观。

(一)时空观念

在特定时间和空间中对事物进行观察、分析的观念:①知道特定的史事是与特定的时间和空间相联系的;②知道划分历史时间与空间的多种方式,运用这些方式叙述过去;③按照时间顺序和空间要素,建构事件、人物、现象的相互关联;④能够在不同时空框架下理解历史上的变化与延续、统一与多样、局部与整体,并据此对史事做出合理解释;⑤在认识现实社会时,能够将认识的对象置于具体的时空条件下进行考察。

(二)史料实证

史料实证指对获取的史料进行辨析,并运用可信史料努力重现历史真实的态度与方法:①能够知道史料是通向历史认识的桥梁,了解史料的多种类型,掌握搜集史料的途径与方法;②能够通过对史料的辨析和对史料作者意图的认知,判断史料的真伪和价值,并在此过程中体会实证精神;③能够从史料中提取有效信息,作为历史叙述的可靠证据,并据此提出自己的历史认识;④能够以实证精神处理历史与现实问题。

(三)历史理解

对史事的叙述提升为理解其意义的理性认识和情感取向:①努力理解各种历史叙述

及其语境的含义；②对历史具有同情理解的态度，即依据可靠史料设身处地认识具体的史事，对历史境况形成合理的想象，更好地感悟和理解历史上的各种事物；③理解历史叙述与历史事实之间的差异；④在同情理解的基础上尽可能实事求是建构历史叙述；⑤在对历史和现实的认识中，能够体现出尊重和理解他人、客观处理问题的态度。

（四）历史解释

以史料为依据，以历史理解为基础，对历史事物进行理性分析和客观评判的态度与能力：①能够区分历史叙述中的史实与解释，知道对同一历史事物会有不同解释，并能对各种历史解释加以理解和评析；②能够客观论述历史事件、历史人物和历史现象，有理有据地表达自己的看法；③能够认识历史解释的重要性，学会从历史表象中发现问题，对历史事物之间的因果关系做出解释；④面对现实社会与生活中的问题，能够以全面、客观、辩证、发展的眼光加以看待和评判。

（五）历史价值观

对历史的事实判断与价值判断的辩证统一，从对历史真实和历史意义的追求中凝练出来的价值取向：①能够理解对历史的价值判断是以史实为基础的，但又是依据一定的价值观对史实做出的主观评判；②能够认识到分辨历史上的真伪、善恶、进步与倒退，以及公平、正义与否，是学习历史的重要目的；③能够将对历史的认识延伸到对自身成长和现实社会的认识上，能够从历史中获取有益的养料，从实践层面体现历史的价值。

六、开发历史资源，拓宽学习历史的途径

历史学习不可只停留在课堂，也不可拘泥于课本。而要把视野引向家庭、社区和广阔的社会生活，引向图书馆、互联网、博物馆、历史遗存等丰富的历史资源，还要充分挖掘乡土教材的历史内涵，开展历史研究性学习。

总之，要拓展历史学习的空间，把学校历史教育与社会历史生活紧密相连，实行开放性学习。上海市教育科学研究院副院长顾泠沅教授曾讲道："听到的忘得快，看到的记得住，做过的才能会。"历史学习，我们可以就某一问题，查阅资料，走访考察，筛选甄别，撰写历史小论文或历史考察报告，还可以组织历史辩论会，重大事件纪念演讲会，历史题材的邮品、图片展等，还可以开展"我的家庭历史"的调查活动。

第三节　快速记忆历史知识的方法

一、在理解上下功夫

历史学习中要想记得多、记得牢，关键在于理解，因为只有真正理解了的知识才不会忘记。历史理解是历史学科重要的核心素养，即对史事的叙述提升为理解其意义的理性认识和情感取向。设身处地地认识具体史事并对历史情境形成合理的想象，有利于更好地学习历史。上历史课和上其他课一样，一定要专心听讲。有些同学认为上课听不听无所谓，反正课文内容都看得懂，只要考试前去背背，同样可以应付，这种想法是十分错误的。尽管有些简单内容可以死记硬背，但复杂一些的内容光靠死记是不行的，有许多历史知识必须弄明白这个知识是什么，为什么会是这样，意义何在，有什么影响，等等。所以，我们一定要抓住历史现象的因果关系和来龙去脉。如果我们上课不专心听老师分析讲解，自己也不开动脑筋积极思考，幻想考试前去突击硬背，临场时必然会颠三倒四或张冠李戴，有的则束手无策，不知所云。

二、化繁为简，化难为易

有些历史事件和现象比较复杂，光靠硬记是记不住的，我们可采取一些有效方法，尽量化繁为简，才能熟记，主要方法有：

（一）串字记忆法

对有并列关系的事件或人物可用串字法来记忆，即将有关内容按课文前后顺序串联起来，只记住其每一内容的第一个字即可。如《南京条约》的四项内容可简化为"地、税、岸、款"；第二次世界大战后期四次重要的国际会议，按前后可简化为"开、德、雅、波"。用这种简化法可较快地记住课文内容。

（二）比较记忆法

人类历史遵循着一定规律向前发展，在其发展过程中，各种历史事件或现象之间有着一定的联系，同时又受到时间和空间的制约，使其具有各自的特点。比较记忆法就是把两个以上具有一定联系的事件或人物进行归类比较，找出它们之间的异同点，这样可防止张冠李戴。比较记忆法是历史学习中一个重要的记忆方法，具体做法有以下几种：①把性质相同而特点不同的历史现象进行比较。如秦、隋相比，汉、唐之比较等。②把某些表现相似而性质不同的历史现象进行比较，分清不同性质，形成不同概念。如唐代手工作坊和明代手工工场。③把性质相同但发生在不同时期的历史事件加以综合比较，区分异同。如中国近代许多不平等条约及其对中国社会的影响等。④中外比较。如世界上最先进入奴隶社会的四个国家之比较；中国与西欧进入封建社会之比较；中国古代经济、科技发展与西方之比较等。

（三）公式记忆法

在回答一些复杂的历史问题时，如同解数学习题一样，可以总结归纳出一些基本公式，然后按公式来记忆和解答。如历史事件＝时间＋地点＋人物＋简单过程＋结果＋意义。经过＝准备＋发生＋结果。意义＝作用＋特点＋影响。人物＝姓名＋时代＋事迹（包括思想、活动或著作）＋影响。作品＝作者＋成书年代＋内容＋意义（或影响）。用这种方法可将复杂的内容进行简化概括，形成网络记忆，也就是抓住几个要点作为支点，然后进行扩充，就能较快地熟记基本内容。掌握这个方法，在巧记重大历史事件、历史人物和古今中外名著方面就能收到事半功倍的效果。

（四）联想记忆法

可分为纵向联想和横向联想两种。纵向联想就是抓住某一历史知识要点，使其前后连贯起来，即以某一史实为基点，既可涉及它前面发生的历史事件，又可联系到后面发生的事件，从点扩展到线，便可记住有关这一历史知识的前后内容。如讲到《马关条约》中日本割占中国领土台湾时，我们可上溯到公元230年孙权派卫温去夷洲（即台湾），隋炀帝三次派人去台湾，元设澎湖巡检司，郑成功收复台湾，到清设台湾府，我们从这一系列事件中得出一个结论：台湾自古就是中国领土。但是直到抗日战争胜利，台湾才回归祖国，日本侵占中国台湾达50年之久。这样将有关台湾的历史知识就前后贯通起来了。横向联想法，就是把中外发生在相同时期的不同历史事件，或不同时期的同类历史事件联系起来。这就要求我们以中国历史为重点，将中外历史知识联系起来。如讲中国的甲骨文，就把埃及的象形文字，两河流域的楔形文字和欧洲的拉丁文字联系起来。

（五）图表记忆法

图表记忆法是根据历史事件的特点，用表格图示形式使同类知识前后连贯起来，形成一个系统，使众多史实、纷繁内容脉络分明、条理清晰，收到化繁为简效果的一种方法。图表记忆法最大优点是简明、醒目，是帮助记忆的一个有效方法，尤其在记忆复杂史料方面作用更明显。如古代政治改革（变法）、重大战役、科技文化成就；近代史上外国侵略者五次侵华战争，中国现代史上党的两次重要会议；世界史里的三大宗教，资产阶级革命，两次世界大战；等等。

（六）数字特征记忆法

有些年代的数字很特殊，若将它编排在一起，就容易记住。

例1：自然数排列：1234年蒙古灭金，1789年法国资产阶级革命开始。

例2：两位数字相同的：1616年努尔哈赤建立后金，1818年马克思诞生，1919年五四运动。

例3：首尾数字相同的：313年基督教在罗马帝国取得合法地位，383年淝水之战，494年北魏孝文帝迁都洛阳，646年日本大化改新，979年北宋结束五代十国。

例4：间隔时间相同的：在中国史和世界史中都有相隔时间2年、10年、100年、200年相吻合的历史事件，我们可借助它来推算年代或事件，便于记忆。

相隔2年的如：1919年五四运动，1921年中国共产党成立。相隔10年的如：1851年太平天国革命爆发，1861年俄国废除农奴制，1871年巴黎公社革命；1884年中法战争，1894年中日甲午战争；1914年第一次世界大战，1924年第一次国内革命战争，1934年红军长征；1901年《辛丑条约》，1911年辛亥革命，1921年中国共产党成立，1931年"九一八"事变。相隔100年的如：1127年金灭北宋，1227年蒙古灭西夏。相隔200年的如：1640年英国资产阶级革命开始，是世界近代史的开端；1840年第一次鸦片战争爆发，是中国近代史的开端。

（七）字头记忆法

抽出核心字（多为首字），串在一起，押韵更好，然后多念几遍即可。

例1：清朝最后的九个皇帝依次为康熙、雍正、乾隆、嘉庆、道光、咸丰、同治、光绪、宣统，记为"康雍乾，嘉道咸，同光宣"。

例2：1842年签订的中英《南京条约》中开放的中国第一批通商口岸广州、厦门、福州、宁波、上海（由南向北），记为"广厦福宁上"。

例3："戊戌六君子"谭嗣同、杨锐、林旭、刘光第、杨深秀、康广仁，记为"谭刘林，杨杨康"。

（八）谐音记忆法

基本方法同"字头记忆法"，只不过要精选核心字及其谐音，使其既押韵，又有一定生动的意义。

例：《辛丑条约》丧权辱国，内容归纳为"前进宾馆"。①清政府赔款（钱与前谐音）；②清政府保证严禁人民反抗（禁与进谐音）；③允许外国驻兵（兵与宾谐音）；④修建使馆，划分租界（馆）。

（九）奇特联想记忆法

联想越奇特，记忆越深刻，因人而异，因事而异。

例如：公元前119年卫青、霍去病大破匈奴，可联想到"119"火警电话号码。刘邦建立汉朝定都长安是在公元前202年，220年东汉灭亡，可想象为"一鸭下蛋一鸭看，刘邦建汉定长安，两鸭下蛋汉完蛋"。苏联在1922年刚成立时的加盟共和国可记作"乌外白鹅"，即乌克兰、白俄罗斯、外高加索。这样，趣味性强，记得快而牢。

（十）歌谣记忆法

即以"核心字"为基础，通过反复挑选排列，使之成为形式对仗、合辙押韵的顺口溜，最适于记年代。

例1：1934年10月至1936年10月，红军进行了长征。编为"34、10（念壹零）36、10（念壹零），红军长征，翻山越岭"。

例2：中华人民共和国成立以来的部分重大科技成就：1957年—武汉长江大桥，1964年和1967年—第一颗原子弹和第一颗氢弹，1965年—世界首次人工合成蛋白质—牛胰岛素，1970年—第一颗人造卫星—东方红一号。可编为"57武汉，桥通天堑；64、67，惊世两弹；1965，牛胰岛素；1970，人造卫星"。

（十一）排比记忆法

即认真分析历史事物，从中归纳提炼出或连续或对仗的"核心词"，作为记忆的载体，有事半功倍之效，此法适用范围很广。

例1：新文化运动的基本内容，可总结为"四提倡，四反对"。

例2：中共建党先驱可总结为"南陈北李"（陈独秀、李大钊）。

例3：1927年中共三大起义的意义，可总结为"三个第一"。南昌起义打响了武装反抗国民党的第一枪。秋收起义建立了党领导下的第一支军队。广州起义建立了中国第一个苏维埃政府。

例4：一五计划经济建设的重大成就可总结为"一桥二铁三公四厂"。即武汉长江大桥，宝成和鹰厦铁路，川藏、青藏和新藏公路，鞍钢无缝钢管厂、一汽、沈阳飞机制造厂和沈阳机床厂。

三、巧记人名、地名、年代

历史知识的重要特点是需要记忆的人名、地名、年代较多，去掉这些也就不成为历史了。时空观念是历史学科重要的核心素养，要求知道特定的史事是与特定的时间和空间相联系的，知道划分历史时间与空间的多种方式，运用这些方式叙述过去，按照时间顺序和空间要素，建构事件、人物、现象的相互关联。因此，学习历史，记人名、地名、年代是不可缺少的基本功，自然要下一番苦功夫，但并不是光靠死记硬背，同样有比较可行的科学记忆方法。

（一）记人名

记历史上一些重要人物的姓名，可抓住一些人物的特征来加强记忆。如两汉帝王都姓刘，两宋的姓赵，两晋的姓司马。

记人名可用串字法和谐音法，用这两种方法记外国人名字尤为适用。谐音法就是将外国人的名字按照它的同音汉字去理解，使原来无意义的音节成为有意义的名词或词组，便于记忆。如"春秋五霸"有齐桓公、宋襄公、晋文公、秦穆公、楚庄王，用谐音法记，就容易记牢，即近闻（晋文）齐桓采松香（宋襄）锯断秦木（秦穆）留楚桩（楚庄）。有些人名不妨给它取个雅号，使用谐音法（雅号）记人名尽量要能顺口、生动，防止低级和粗俗。对历史人物不仅要记住读音，还要书写正确，若写错别字，则前功尽弃。如把齐桓公的"桓"写成"恒"，把"嬴政"写成"赢政"等。

（二）记地名

历史学习中常常要记许多地名，尤其是古今异名和外国地名，更使初学者感到头痛，成为学习的拦路虎。如何记住这些地名呢？

首先，在学习有关历史地名时，一定要借助地图来加深理解和掌握地理方位，以形成正确的空间表象。如学习"丝绸之路"，要记的地名较多，一定要对着教材的分布图，弄清它的位置，才能记住；学"隋朝大运河"，只有看着分布图，才能记住一个中心（洛阳）、两个点（北到涿郡，南到余杭）、四个段（自北而南），否则就会把方向搞错。对于中外史上有关军事的地名更应借助于图册和其中的各种标记，才能记住。其次，要记住地名还要仔细看课本中历史地图下列的古今地名对照表。如618年，李渊称帝，建立唐朝，定都长安，教材中注明"长安"是今陕西西安。

（三）记年代

时间概念是历史知识的重要组成部分，是历史学科的特点之一。中外历史绵延几千年（若从原始人群算起则有三四百万年），其中需要重点掌握的年代也有一两百个，牢记这些重要年代既是历史学习的一个重要内容，也是最使初学者感到困难的一个方面。那么如何才能既多又快地牢记历史年代呢？

第一，分清公元前后，掌握年代与世纪换算方法。在学习中国和世界的古代史部分，许多同学往往只记住年代的数字，却分不清究竟是在公元前还是公元后，如何分清呢？介绍一个简便的方法：如果是中国史，只要抓住公元8年王莽改制这件事，凡发生在它以前的（即西汉为界）都是公元前，在此以后的都是公元后；而世界史可大致以公元前27年罗马屋大维建立元首制为界，凡在此之前都是公元前，27年后的都是公元后。如斯巴达克起义发生在公元前73年，而汉代班超出使西域则在公元73年。

一个世纪是100年，有些同学以为年代与世纪的换算只要除以或乘以100就可以了，其实是不对的。如1640年英国资产阶级革命是17世纪，1994年不是19世纪，而是20世纪；同样，中国第一个奴隶制国家—夏朝，建立于公元前21世纪，那不是公元前2100多年，而是公元前2000多年。因为公元1年是1世纪，101年则是2世纪，1001年是11世纪，2001年是21世纪，依次类推。所以，若将世纪换成年代，就应该将世纪数减去1再乘100，同样，把年代数先除以100，再加上1，就是世纪数。

第二，联想记忆法。历史上有些重大事件，其经历时间相同，如隋统一全国（581—589年），安史之乱（755—763年），美国独立战争（1775—1783年）都经历8年时间，所以只要记住其开始（或结束）年代，就可推算出其结束（或开头）年代，这样只要记住一头就行了。

第三，对比记忆法。中国和世界其他地方，同一年代（或世纪）有时会发生几件大事，我们如把它们安排在一起就便于记忆了。如 1919 年，中国五四运动，巴黎和会召开，等等。

第四节　阅读历史地图的基本方法

时空观念是历史学科重要的核心素养，其要求能够在不同时空框架下理解历史上的变化与延续、统一与多样、局部与整体，并据此对史事做出合理解释。历史地图是一种图像语言，它用各种图形、色彩的符号把时空的变换与历史的瞬间定格为图像，展现给读者。与抽象、枯燥的文字叙述比起来，历史地图具有形象、直观的特点。如果我们在学习历史的过程中能会读、读懂历史地图，那么对加深、巩固教科书中所学的内容将起到事半功倍的效果，大大提高我们的历史学科核心素养。

一、定方向：读图时，先确定地图的地理方向

地图是将空间三维乃至四维信息平面化的一种载体，历史地图尤其如此，它利用其特殊的图像语言，反映人类社会发展过程中的某些历史事件或综合性的历史现象。反过来，读图的时候，我们要还原这些历史事件或历史现象的原始信息，所以，在读地图内容之前，给地图定向非常重要。历史地图的定向方法与普通地图大体一致，在没有明确的指向标的情况下，一般按"上北下南，左西右东"来确定地图的地理方向。有了地理方向，就可以确定地图中所示地理事物的方位，为理解地图本身所要诠释的历史现象或历史事件提供依据。

二、读图例：养成读图先读图例的好习惯

在历史地图中作为主题要素的历史内容有很多种表现形式，比如点状、线状、面状，等等，这些都可以通过图例反映出来。图例是"地图上使用符号的归纳和地图内容的必要说明"。所以，地图的图例很重要，只有先把图例看明白了，才能进一步理解地图所要表达的内容。

历史地图的图例可分为两类，一是统一图例，二是分幅图例。在历史地图中我们通

常将反复出现的一些共性的要素做集中说明，称为统一图例，一般包括居民点、政区界线、水系、交通线等。同时，我们把不具有共性但又与所要表示的历史内容密切相关的一些要素用特殊的符号在相应的图幅中单独说明，称为分幅图例，如战争图中交战双方的进攻和退却路线、防御阵地，等等。在读历史地图的时候，我们首先要对统一图例有一个清楚的了解，然后通过阅读分幅图例，就可掌握地图中各要素的名称、性质等，再对照图面内容，仔细阅读，就可以正确领会地图所负载的历史信息。

例如，我们读中国古代史"秦灭六国"一图时，先通过阅读图册中的统一图例可以知道图中居民点表示的是诸侯国都城所在地，再由该图下方的分幅图例可以知道，图中的箭符和序号分别表示的是秦灭六国的路线和先后次序，这样我们对图的内容就有了一个大概的预知。而后再仔细读图，我们就会比较全面地了解秦相继攻灭六国的经过，而且整个读图的过程会变得相对轻松。

三、比古今：注意历史地图中的古今对照信息

古今要素的对照是历史地图中常用的一种表示方法。历史地图表示人类历史活动特定的空间和进程，揭示不同时期处于变化中的地理环境及在此环境中的人类的活动。古今地理要素有的相同，有的会有一些变化，所以在历史地图中经常将与今天相比有变化的古要素与今要素同时对照表示。常见的古今对照主要有古今界线的对照、古今河流及海岸线的对照、古今地名的对照等。这些对照表示的今要素，是为了更好地理解古内容而设立的，同时为了突出古内容，将今要素置于第二层面，在图中一般统一用一个较浅的颜色来表示，比如灰色（有的历史地图中地名的古今对照是在图外用古今对照表的形式表示的）。

例如，学习"周初形势"一图时，通过读图，我们会发现图中有灰色的省级界、海岸线及注记，这些都是对照表示的今要素。我们可以通过阅读这些对照表示的古今内容，得出如下信息：周初势力所及区域涉及今天的哪些省级行政区；当时的海岸线与今天相比哪些地方相同，哪些地方发生了变化；今天的黄河、长江在周初分别被称为河水和江水；周的都城镐京在今天的西安西南，燕国的都城蓟位于今天的北京西南；等等。这样，我们就弄清楚了各类古要素、古地名分别对应今天的什么地方，为阅读历史知识提供了明确的参照，为更方便、更清楚地理解历史地图所表示的主要内容提供帮助。

四、对图文：文字与地图对照阅读

历史地图是一门学问，有丰富的内涵，要想获得其中所蕴含的更多的历史信息，更

好地为学习历史服务，我们在读历史地图的时候，还应对照教材中相应的文字同步阅读。郑樵曾在《通志》中说："置图于右，置书于左，索象于图，索理于书。"这道破了文字叙述与图像之间的关系，文字叙述在于说理，图像使文字叙述更直观、形象，二者相辅相成。文字和地图同步阅读，对于那些可以借助历史地图进行形象、直观表述的历史内容，人们理解起来就会更加容易，并留下较深刻的印象。

例如，新课标教材《中国历史》初中一年级（七年级）（上）《原始的农耕生活》中有这样一段文字："我国先民的足迹遍布于祖国的东西南北，已经发现的遗址数以万计，但是地域文化却各具风采。"文字的右边有一幅历史地图"我国农业先民文化遗址分布图"。对照左边的文字阅读地图，可以获悉图中所示"重要遗址"的时间为"距今八九千年以来"。接下来还会发现图中表示重要遗址的点状符号密密麻麻地布满整个中华大地，与左边的文字"遗址数以千计，犹如满天星斗"相呼应，一目了然。再仔细读图，除了会发现这些遗址分布的一般规律外，还会注意到有一些比较熟悉的遗址名称出现在图中，比如"半坡""河姆渡"。读取遗址的空间信息，"半坡"位于黄河中下游，"河姆渡"位于长江下游。这样，对这两个遗址所在地周围的自然地理环境有了进一步的认识。若再对照教材第2课"原始农耕文化"中相应的文字阅读，则会对这段历史内容有更深入的理解。

五、比地图：地图之间比较阅读

读历史地图的时候，通过对一系列相关地图的比较阅读，我们也可以获取地图中隐含的历史信息，更好地为学习历史服务。历史本身是连贯的，是在一定的时间和空间里发展的，任何一个历史现象、历史事件都不孤立存在，都有其前因后果。通过对一系列地图的比较阅读，我们可以很直观地发现其中的变化，并引导学生去探究其中变化的原因。

比如，"秦朝疆域"和"西汉疆域"两幅地图。如果分别看这两幅图，只是了解了秦朝和西汉各自的疆域范围。但是如果把两幅图放在一起比较阅读，我们就会发现有明显的不同，西汉与秦朝相比最显著的特征是西汉时多了西域地区一大块直接统辖区域。由此我们可以联系到张骞通西域及西域都护的设置等一系列知识点，与其相关的文字叙述便立刻变得鲜活起来，对学习过的历史内容产生记忆的升华。

综上所述，我们在学习历史的过程中如果能做到多读历史地图，并注意读图的方式和方法，那么不仅可以巩固所学历史知识还可以激发学习历史的兴趣，提高历史学科素养。

第五节　评价历史人物、历史事件的标准与方法

历史价值观是历史学科的核心素养，具体要求：能理解对历史的价值判断是以史实为基础的，但又是依据一定的价值观对史实做出的主观评判；能认识到分辨历史上的真伪、善恶、进步与倒退，以及公平、正义与否，是学习历史的重要目的；能够将对历史的认识延伸到对自身成长和现实社会的认识上，能够从历史中获取有益的养料，从实践层面体现历史的价值。因此，科学评价历史人物和历史事件是学习历史的基本要求。

一、评价历史人物、历史事件的标准

（一）评价历史人物、历史事件的原则与标准

是否推动历史的发展，推动即肯定为主，阻碍即否定为主。标准主要有三条：一是看是否顺应历史潮流的发展（历史发展趋势，即当时应该解决的主要矛盾）；二是看是否符合人民的（长远）利益和愿望；三是看是否推动生产力（或经济）的发展。这三条标准是紧密相连的、互为一体的。一般说来，只要符合第一条，其他两条也就顺理成章了。

（二）在不同的历史时期，历史潮流是不同的

在中国古代史上统一是顺应历史潮流的；近代史上主要是反侵略（1894年后为反帝）反封建；现代史上主要是看是否推动生产力（或经济）的发展。

第一，中国古代史上的统一则是顺应历史潮流。人民不希望战争，但人民支持正义统一的战争来达到结束非正义战争的目的，像秦王灭六国统一全国，符合人民的利益和愿望，人民可以安定地生活和生产，因而也就推动了生产力的发展、调动了人民的生产积极性、促进了经济的繁荣，使秦朝成为一个统一的多民族的中央集权的封建国家。曹操统一北方，为后来西晋的统一奠定了基础。因此可以说：秦始皇是一位中国历史上有作为的封建君主，曹操也是一位地主阶级杰出的政治和军事家。他们都顺应了统一的历史潮流。

第二，中国近代历史上（1840年后）顺应历史发展潮流就是要反对外来侵略，反对外国支持的封建及大地主大资产阶级的卖国政府，争取民族独立问题，而反对外来侵略则是首要任务，因为这时的主要矛盾是"中华民族同外国资本主义"的矛盾。因为只有把外

国侵略者赶出中国去，把投降卖国的政府推翻，中国才有可能搞好经济建设。不然，他们绝不会允许你发展经济，成为反抗他们或同他们竞争的对手。

第三，中国现代史推动生产力、经济发展则是顺应历史潮流。此时，阶级矛盾已降为次要矛盾，现代史中需要解决的主要矛盾即解决的中心问题是：落后的生产力与先进的社会制度，与人民日益增长的物质文化需要之间的矛盾。只有发展了生产力、发展了经济，才符合人民的利益和愿望。因此，凡是推动生产力（或经济）发展的政策，如二十世纪五十年代的抗美援朝、土改运动、三大改造运动等，都极大地调动了人民的积极性，推动了政治、思想革命和经济建设的迅速发展。

二、评价历史人物、历史事件的方法

（一）客观科学的方法

要用历史唯物主义的观点、辩证唯物主义的方法，即用全面的观点、一分为二的方法；要用历史的观点、客观科学的方法。

全面的就是要一分为二地看人的一生，既要看主流又要看到缺点或不足；历史的就是要放在当时的历史环境条件下，进行分析和评价在当时起的作用如何。评价历史人物既要看到功又要看到过，一分为二对待他们。如功大于过的秦始皇、汉武帝、唐太宗、宋太祖、元世祖、明太祖、康熙帝等。用一分为二的观点来看，秦始皇统一全国，结束战国分裂割据混战局面，以及巩固统一的措施，利于国家巩固、人民生活安定和经济发展，符合人民的长远利益和愿望；而"焚书坑儒"在加强中央集权上有不可否认的积极作用，但也不能否认从历史发展的角度来看，危害更大。它钳制了人民的思想、摧残了文化，对中华民族的优秀文化的继承和发展有破坏和阻碍作用。他修的长城，有阻止匈奴南下骚扰的作用，但也不乏有占用劳动人民耕作时间和劳动力的不足之处。特别是后来繁重的赋税、徭役和兵役，残酷的刑罚是导致秦末农民起义爆发的根本原因。他的进步性、功绩就在于他顺应历史潮流，客观上符合人民的长远利益和愿望，利于生产力、利于经济发展。再如康熙皇帝在维护边疆统一方面无可否认具有别人无法替代的作用，是主流、是大节。但大兴文字狱则使许多知识分子，不敢过问政事，促进国家发展的好建议无法发表出来，这也无疑阻碍了经济更快发展，也不符合人民的利益和愿望，也是他的过错。用此观点可以衡量唐玄宗功过各半，隋炀帝过大于功。

（二）用辩证的方法、用发展变化的观点评价历史人物、历史事件

即前功后过的如唐玄宗，在其统治前期，推行开明的政策，善于用人，使封建经济达到前所未有的盛世；而后期重用奸臣李林甫、杨国忠，宠爱杨贵妃，导致政治腐败，出现"安史之乱"，封建社会从此由盛而衰。像近代的陈独秀，也可以说明用辩证的方法、用发展变化的观点来评价更恰如其分。还有前过后功的张学良、李宗仁用此法来评价更合适。

（三）具体的事物做具体分析的方法

把历史人物所做的事放到特定的历史环境中加以评价，如隋炀帝虽过大于功，但在开凿大运河这件事上，当时确有加重人民负担，徭役过重的现象，但从长远观点来看，它的开凿，成为南北交通的大动脉，促进了南北经济的交流，推动了经济的发展，符合人民的长远利益和愿望，也成为闻名世界的一项伟大工程。他三次派人去琉求（即今天的台湾），加强了台湾与大陆的联系，这些都是值得肯定的。

（四）动机和效果统一的观点，重点看效果的方法

我们坚持动机（主观愿望）与效果（客观成效）统一的观点，好的动机只要符合客观实际一般说来应该有好的结果。如商鞅变法、北魏孝文帝改革当属于此类。他们为了巩固自己的政权，采取了符合客观实际的政策，因而顺应了统一的历史潮流，推动了经济发展，符合人民的长远利益和愿望。但有的只要动机与客观不符合，一般不会有好的结果。如王莽则是为了巩固自己的政权，去解决土地兼并，缓和阶级矛盾，有它合理的一面，但改制的措施不符合人民的愿望，改制的内容将全国田地改称"王田"等违背了历史发展规律，使封建地主土地所有制恢复到奴隶社会的井田制；将奴婢变为私属，使他们失去自由，沦为奴隶的地位。而土地兼并本身是封建社会长期存在的，从根本上来说它本身是解决不了的问题。因他的主观动机与采取的措施不符合人民的利益和愿望，即不符合客观实际，不顺应历史潮流，改制以后劳动人民不但没有获得利益，反而加重了人民负担、加剧了阶级矛盾，导致了绿林、赤眉起义爆发，推翻了他的统治。

（五）动机和效果统一的观点，侧重看动机的方法

像王安石变法，动机是富国强兵，政策措施可以说具有积极作用，也取得了一定的效果，当然最终失败。失败的原因是客观上保证推行政策的措施不足、力度不够，即用人

不当；再加上遭到统治阶级中的大地主大官僚等的反对。保守派司马光做宰相后废除新法。但他的动机和取得的一定成效证明，他并不失为一位地主阶级的政治家和改革家。

（六）主观和客观分别评价的方法

即主观目的和客观作用分别评价，就是一分为二对待，用两点论。如洋务运动，主观上是为了维护清政府的统治前提下进行的一场"师夷长技以自强"的自救运动，延长其反动统治的寿命，虽然没能达到此目的，但是在客观上刺激了中国资本主义经济的发展，对外国资本主义经济的侵略起了一些抵制作用。再者如戊戌变法，它是在维护清政府统治的前提下进行的一次自上而下的资产阶级改良运动，虽然在顽固派的破坏和镇压下失败了，但它客观上唤醒人民追求救国救民的真理，探索资本主义发展的道路，因而它是爱国和进步的，是一次思想启蒙运动，利于资产阶级思想文化的传播。以上等主观与客观分别评价则更科学、更符合实际。

（七）用阶级分析的方法

第一，先进的阶级代表历史发展的方向。每一种社会形态末期和后一种社会形态处于上升发展时期的代表历史发展方向的阶级可称为先进的阶级。原始社会末期和奴隶社会早期的奴隶主和奴隶阶级；奴隶社会末期和封建社会早期的地主和农民阶级；封建社会末期和资本主义社会早期的资产阶级和无产阶级，或者这些阶级在本社会形态中掌握统治权而处于上升发展时期，都可算为先进的阶级。他们是新的生产方式、新的生产力的代表，他们推动了历史的发展，具有强大的生命力，是值得肯定的阶级。无产阶级在资本主义社会虽不掌握统治权，但他们代表着历史的发展方向，即以巨大的创造力改造着社会，创造了巨大的财富，就是他们那种不断奋斗、探索的精神，使社会科技不断发展。当资本主义生产关系阻碍他们积极性发挥时，甚至不让他们生存时，他们不得已就要用暴力革命的方式推翻资产阶级的反动统治，从而建立自己和劳动人民当家做主的社会主义制度，极大地解放、发展了生产力，推动人类历史向前发展。

第二，落后的阶级阻碍生产力发展，逆历史潮流而动，将要被历史抛弃。在某社会形态末期的统治阶级往往是落后的阶级。如中国明朝中后期，特别是清朝后期的地主阶级；英国封建社会末期的斯图亚特王朝都已是落后的阶级。他们采取的政策有很多都阻碍了先进生产力的发展，甚至采取镇压人民的办法。他们已成为反动的统治阶级，最终被人民推翻，被历史抛弃。他们实行的政策，如明朝的特务统治、八股取士；清朝的大兴文字狱；英国的加重收税等应予以否定。而且清朝腐朽的封建制度严重阻碍了中国资本主义萌芽的发展，甚至成为中国落后挨打的重要因素之一。

第三，统治阶级的政策，出发点是为本阶级利益服务的，从本质上讲是为了维护自己的统治的。人类自进入阶级社会以来，每个事件的出现都带有阶级性，每个人物（特别是统治阶级最高统治阶层中的人物）所做的每一件事都代表一定阶级的利益，都要考虑是否利于自己的统治，或者说是虽然有的统治者并不考虑自己的长期统治，而只图一时的享乐，却反映了本阶级不代表劳动人民利益的实质，像秦二世、隋炀帝等。就是开明的统治者，采取了一些有利于社会经济发展的措施，客观上利于人民，但最终目的是巩固自己的长远统治或今后获取更多的经济利益，他们是为少数人谋利益的。无产阶级掌握政权后，采取了一系列利于社会经济或推动生产力发展的措施，它顺应了历史潮流，从主观上和客观上都利于社会的发展，从而也维护了本阶级和劳动阶级的利益。只有无产阶级作为统治阶级时，才与广大劳动人民的利益是一致的，它代表反映了大多数人的利益。因此，可以不容置疑地说，只有用阶级分析的方法，才能更清楚历史的本来面目。

第四，无产阶级及广大劳动阶级是当今最先进的阶级，是历史发展的主人。虽然先进阶级或代表先进阶级的统治者推行的政策，顺应了历史潮流，客观上符合人民的利益和愿望，推动了生产力的发展是值得肯定的，如法国和美国历史上资产阶级在夺取政权和巩固政权时的土地政策等，从某种角度讲在当时历史条件下具有一定的进步性。中国资产阶级革命派孙中山领导的辛亥革命推翻代表帝国主义、封建主义利益的清政府，以及采取了很多利于中国民族资本主义发展的政策，推动了中国历史的发展，特别是使民主共和的观念深入人心。但他们只是在某一历史时期属于先进阶级。而当今的无产阶级及劳动阶级才是历史发展的真正主人。以毛泽东为代表的老一辈无产阶级革命家，在夺取政权和探索中国革命道路中的一系列政策和探索社会主义革命的三大改造等政策，巩固了工农联盟为基础的人民民主专政政权，促进了社会的发展。他们是先进阶级的杰出代表，所在的阶级也是推动历史发展的真正动力。因此客观地评价先进阶级在历史上的积极作用，能够更好地揭示历史发展的内在规律。明确无产阶级是当今最先进的阶级，无产阶级所担负的历史任务，对实现远大的共产主义目标会充满胜利的信心，并永远不断地为之奋斗，并为做好当前的每一件事而自豪，当好历史的主人。

（八）用是否推动生产力发展的观点和方法

推动则肯定为主，否则相反。生产力与生产关系的矛盾运动是历史发展的根本动力。

在阶级社会中则表现为阶级斗争。代表先进生产力发展方向的阶级则要采取革命的方式推翻代表旧的生产关系的制度。如英法美资产阶级革命，为发展生产力创造条件，或者用起义、武装斗争的方式迫使统治阶级调整统治政策（即改革），在局部改变一下生产关系适合生产力的发展，人民得以生存，进一步推动经济的发展，如中国古代历史上开明的统治者（皇帝或大臣）调整统治政策，对生产力的发展起到了推动作用，应予以肯定。

（九）人民群众与重要人物辩证作用的观点

人民群众在历史发展中起决定作用，重要人物在关键时刻起重要作用，或者说起加速或延缓、推动或阻碍的作用。如隋炀帝的残暴，阻碍了生产力的发展，破坏了经济发展，从而引起隋末农民战争推翻了他的统治，也使唐朝统治者接受隋亡教训，采取利于生产力发展的政策，是人民推动了历史的发展。诸葛亮的孙刘联合抗曹的建议在赤壁之战中，阻碍了国家统一。秦始皇采取了灭六国、巩固统一的措施。康熙平定准噶尔叛乱及乾隆平定大小和卓叛乱，巩固了边疆统一。再如列宁在反动的资产阶级临时政府要绞杀革命的关键时刻，决定提前起义。无产阶级领袖是人民群众的杰出代表，他们在关键时刻起了重要作用，甚至可以说是决定人民命运的作用、舵手的作用。当然从整个人类历史的发展趋势来说，广大人民是推动历史发展的根本动力。

综上所述，正确评价历史人物、历史事件是培养历史学科核心素养的需要。它可以增强学习信心、节约学习时间、提高学习效率。而评价时所采用的三条标准是相互联系的，而第一条则是最基本的。抓住了第一条就抓住了牛鼻子，其他就迎刃而解了。我们在评价历史人物、历史事件时必须是：全面的、一分为二的；历史的、辩证的和发展变化的；做到具体事物具体分析、具体人物具体评价，即用历史唯物主义的观点、用辩证唯物主义的方法给以客观的、实事求是的、科学的评价。

第九章

初中历史重难点问题的突破

第一节 历史教学重难点突破方法

新世纪面对着新课程改革应该怎样去做呢？这是每一位历史教师一直思考的问题。目前的教学工作总是提到要紧扣课程标准，围绕大纲展开教学工作，同时还要体现新课改的理念，这就无形中给教师增加了巨大的压力。我们上的每一节课都必须有明确的教学目标，而教学目标又必须要通过重点和难点来体现。突出重点、破解难点是中学历史教学过程中的一个重要环节。在实际教学中，教师对重难点知识的处理常常流于形式，尤其对难点的处理，往往不尽如人意，在教学设计时有难点，在课堂上难点却成了被人遗忘的角落，学生更无从下手，只好冷眼相看了。如何解决？针对重难点我们应该搜集相关资料，细致地挖掘，设置恰当的教学情景，制定行之有效的突破措施，采取切实可行的教学方法，让学生积极参与进来，力争难点重点当堂突破。

一、确定教学重点难点是实现有效教学的前提

课堂教学过程是为了实现目标而展开的，确定教学重点、难点是为了进一步明确教学目标，以便教学过程中突出重点，突破难点，更好地为实现教学目标服务。因此，确定教学重难点首先要吃透新课标。我们只有明确了这节课的完整知识体系框架和教学目标，并把课程标准、教材和教师参考书整合起来，才能科学确定静态的教学重点难点。我在上每节课前都会认真地把与该课有关的课程标准、教材和教师参考书读一下，把教参中提到的重点和难点用红笔画出来，对每一课所涉及的重点难点要做到胸中有数。其次，了解学生原有的知识和技能的状况；了解他们的兴趣、需要和思想状况；了解他们的学习方法和

学习习惯。教师要在了解学生的基础上，做出预见，预见学生接受新知识的困难、产生的问题，以便对症下药。避免教学中的主观主义和盲目性，切实做好理论联系实际，从而确定好自己的课堂教学科学切合实际的静态和动态重点难点。例如，当原来确定的难点绝大多数学生并不感到难以理解时，教师就不必再在这个问题上花过多时间和精力。再如，当学生提出教师事先未估计到的疑难问题，又需要在课堂上讲清楚时，这些地方就是教学的难点。

二、运用"导"和"联"突破教学重点难点是实现有效教学的根本

在兵法上，地有所不争，城有所不取，不争、不取，正是为了取得更大的胜利。教学亦然，教学中必须把握主次、轻重、详略、缓急，而突出重点、破解难点正是教学的一个重要原则。经过长期历史教学实践我认为"导""联"是突破教学重难点最有效的方法。所谓导就是善于引导。善导就是教师在教学中根据问题症结和难点实质，用富有启发性的教学方式和教学语言多角度地启发学生，使之产生多方联想而有所感悟。疑难、重点问题的多样性，决定了引导手段的多样性。所以，教师须多备几手"导"的技能，以便突破教学重点和难点。

所谓"联"就是善于联系、归纳。善联就是教师在教学过程中帮助学生尽快找到新旧知识的连接点，让学生在原有的知识背景和经验中找到位置，同化到自己的知识结构中去。对学生来说，书本知识都是间接经验，它只有和直接经验相结合，获得直接经验的支持和帮助，才能学得牢固扎实。所以，教学不宜空讲知识，尤其是不宜照本宣科，枯燥分析，从理论到理论，从书本到书本，那样只能弱化教学效果。善联，一要联系丰富多彩的生活实际，将时代的气息引入课堂。二要联系学生以前学习并掌握的旧知识。这些旧知识既是新知识的生长点，也是新知识的固着点。因而在教学中教师要着眼于教学内容的纵横联结，注意教学内容的整体与局部、前与后、因与果的衔接与递进，在联系中将新知识融为一体。三要联系教师自身的学习感悟。教学既是教与学的传导过程，也是师生双向交流沟通的过程。在教学中，教师若能联系自己的学习经验与感悟，适时地向学生介绍一些自己化解难点的做法和体会，必能拉近师生之间的情感距离，使学生看得真切，悟得透彻，听得有味，学得有趣，从而有效地提高教学和学习效果。

三、运用"导"化解初中历史重点难点

（一）历史假设法

就历史科学本身来说，是不容许假设的，但从历史教学来说，为了达到教学目的，引起学生思考的兴趣，教师可进行假设性的提问。例如美国内战中南北双方的经济制度矛盾、内战的爆发是课文的重难点，笔者在教学中曾这样假设：假如有一个北方的资本家在美国的南方开了一家织布厂，这家工厂有没有发展的可能性呢？学生通过自主阅读后进行交流，有的说"他买不到原料，因为棉花控制在南方的奴隶主手中，他们要把棉花卖到欧洲去"，有的说"他织出来的布没人买，因为南方大量的奴隶买不起棉布"，还有的说"他找不到干活的自由劳动力工人，因为南方实行的是奴隶制"，这样，通过一个假设性的问题，学生在讨论中对美国内战的原因和性质就理解得更加具体了。

（二）材料分析法

比如如何理解《汉谟拉比法典》的实质？这对于刚接触世界历史的初中生来说有一定的难度。教师指导学生查阅该法典的相关内容：奴隶可买卖，可用来抵债；如果奴隶胆敢对主人说："你不是我的主人"，耳朵就要被割掉；如果理发师不经奴隶主许可，就把奴隶头上的奴隶标志剃掉，理发师的手就要被砍掉……在阅读、感悟材料中，学生就不难理解"它是一部奴隶主性质的法律文献"，其实质是保护奴隶制度的。用材料分析法破解难点，不仅使人印象深刻，而且培养了学生"论从史出"的历史学习方法和思维习惯。

（三）分层设问法

对于难度较大的问题，教师不妨把问题按难易程度分解成若干个与之相关的小问题，小坡度式地层层递进，化难为易，由易到难。如何帮助学生认识近一百多年前巴黎公社的无产阶级政权性质，是教学中的一大难点，因为世界史中的国体与政体、议会和政府、国家政权的性质等问题本身就超过了学生现阶段的知识水平，教师可将这一大问题分解成几个台阶：①3月18日革命是哪两个阶级面对面的生死搏斗？②巴黎公社组织机构的组成成分怎样？③公社采取了哪些措施？措施为哪个阶级服务？④为什么说巴黎公社是无产阶级性质的政权？这样学生沿着台阶步步深入，从而学得顺利，记得深刻。

（四）列表对比法

比较是人们通常运用的一种认识事物的方法，有比较才能有鉴别，才能认识事物的本质特征。世界近代史上亚洲有两次性质相同的资本主义性质的改革，然而，日本明治维新成功了，中国的戊戌变法却失败了，这一内容对学生来说显得难以接受，如果教师将两次改革的内部条件、社会背景、力量对比、政策实施、国际环境等方面内容列成表格加以对比的话，那么上述结果的出现也就极自然了。这种对同一特征或性质相近的历史事件进行的对比，在同中求异，在异中求同，去粗取精，由表及里，从现象到本质，从而能帮助学生找出历史事件之间的必然联系，教师如果在教学中经常采用比较的方法，那么无疑可启发学生思维，促使他们向知识的广度、深度发展。再例如，近代两次中日战争的基本形势都是敌强我弱，但结局却完全不同：甲午中日战争中国战败，列强乘机掀起瓜分中国的狂潮，而抗日战争中国取胜，为新民主主义革命的胜利奠定了基础。出现不同结局的主要原因是什么？学生概括起来有一定的难度，如果将两次战争的领导阶级、民众动员、战略战术、国际环境等方面内容列成表格加以对比的话，那么上述不同结局的出现也就很自然了。这种对同一特征或性质相近的历史事件进行的对比，在同中求异，在异中求同，去粗取精，由表及里，从现象到本质，从而帮助学生找出历史事件之间的必然联系。

（五）直观图示法

此法适用于理论性较强和较抽象的教学内容。打开初中任何一册历史教科书，你都会发现为数不少的插图。众所周知，图画是课文的重要组成部分，不少图画对理解和掌握抽象的、复杂的历史现象和历史事件，帮助学生理解和认识所学的历史内容并形成概念，提高学生学习历史的积极性、主动性有着不可低估的作用，如果教师能引导学生在无疑处设疑，则无疑能推动学生对历史知识的认识内驱力，为教材重难点的突破作铺垫。如："奴隶制的确立促进了生产力的发展"这一内容，如何引导学生从生产力水平发展的角度出发去考虑问题，教师可运用多媒体教学手段依次展现如下的一组内容：①原始社会时人们制造的粗糙石器；②我国商代的精美青铜器、陶器、玉器；③殷墟平面图；④大规模奴隶劳动的场面。教师同时根据直观的画面进行讲解，在历史画面的不断再现中，学生深刻地理解了理论知识和较抽象的道理，从而培养了历史思维能力，同时这种直观教学法也较符合中学阶段学生的认知规律。同时，历史图册这类传统的教学辅助手段不可舍弃。因为它在某种程度上完全可起到多媒体的作用。翻阅历史图册，仔细梳理我们不难发现历史图册一改以往单一的地图画面，集中展示的有地图、图表及珍贵的历史图片等，画面清晰丰富。

在教学中，教师恰当地使用历史图册不但能易于翻阅与保存，而且可起到与多媒体同样的作用，引导学生通过直观的图片突破教材中的难点和重点。

（六）数字计算法

中国古代历史上第一个统一的多民族国家却是个短命的王朝，在学习秦朝的内容时，教师可在教学中用数字计算的办法来说明问题："打匈奴、筑长城，约征发了30万人；攻打越族、开发南方，约征用了50万人；筑阿房宫、骊山陵，约征用了70万人，这样就是约150万人了，而当时秦国总人口大约2000万，如果男子占人口半数的话，那就是1000万人，再减去老的、少的、病的、残的，青壮年劳动力最多也就四五百万人光景，男子劳力不够用的时候，甚至妇女也被征……"这些数字对学生具有极大的启示性，通过数字的计算比较，进一步深化了教材，学生能深刻地认识到：秦末农民起义绝非偶然，而是秦的暴政引起社会矛盾尖锐化的必然结果，因此秦王朝的短命也就极自然了。

（七）运用史料法

在汉武帝大一统格局教学时，教师在巩固重点知识和突破教学难点时可选用一段史料："……今师异道，人异论，百家殊方，指意不同，是以上亡以持一统；法制数变，下不知所守。臣愚以为诸不在六艺之科孔子之术者，皆绝其道，勿使并进。邪僻之说灭息，然后统纪可一而法度可明，民知所从矣。"——《汉书·董仲舒传》。该史料是古文一手材料，对于初一的学生来说完整理解所选史料内容成为一道障碍。如果说史料的选择是史料教学的前提和基础的话，那么对史料的精彩和透彻的解读则是史料教学的关键所在和最大亮点。本课在授课时教师对古文史料的解读应立足于所选史料中的关键词上，例如抓住："下不知所守""统纪可一而法度可明，民知所从矣"句子中的"所守""可、可明""所从"，这些核心词勾勒出汉武帝时巩固思想一统的历史事实的基本因果，在学生有了这种逻辑认识后再结合课本抓汉武帝采取措施的具体内容。总之面向低年级学生的古文史料的解读，是力图让学生对史料所展现的历史事实发展逻辑有所了解，而不是逐字逐句地翻译，这对于使用史料弥补教材叙述的不足和深化学生对于历史知识的认识是有益的。比如这段史料，对于学生深入理解汉武帝采用"罢黜百家独尊儒术"政策的背景是有帮助的。比如该段史料在学生感知大意的基础上我们可从不同的角度对它进行"再解读"，如从思想的统一与国家的巩固的角度、从儒家思想对于承平社会构建的管理秩序的角度、从汉武帝巩固思想一统与我们今天构建和谐社会提倡社会主义道德规范的角度，等等，史料的解读不仅成为学生学习过程中的"雪中炭"，更应该成为启迪学生心灵、提升学生灵魂的"催化剂"。

在运用史料教学中，我们必须明确史料的选择、展示和解读不是教学的目的，仅仅是为了达成教学目标所采用的方法，我们教学的目的最终要落在史料运用的"结果"上，让学生吃下史料运用所结出的这颗"果子"时感觉到甜到心间，才是我们想要的结果，这对学生突破历史中的重点难点知识是极为有利的。

（八）结构重组法

无论学生使用的是哪一种版本的教材，由于各个地方的学生智力和认识水平参差不齐，对教材某些章节或某一子目的编排，有时感到费解。这就要求教师在实际教学中不拘泥于教材内容的安排，要勇于打破教材的结构，大胆地引入新的信息和自己经过思索后的想法，重组教材上的知识结构。

（九）角度变换法

强调发现学习、探究学习、研究性学习成为本次教学改革的一个重要特征。针对教学中的难点，我们要教会学生从不同角度去分析，从不同层面去探究，从而发现解决问题的办法。例如《明朝的对外经济文化交流》一课，"郑和下西洋的意义"是本课的重点也是难点，教材上只是说"郑和下西洋扩大了中国同亚非各国的经济文化交流"，轻描淡写，一带而过，郑和下西洋是如何扩大中国同亚非各国经济文化交流的？是否还有其他意义？学生不易理解。在课堂上，我指导学生从以下几个角度分析并解决这一难点：通过对郑和船队规模的介绍与展示，我们得出郑和下西洋的意义之一：表明当时中国拥有高超的造船技术和航海技术；通过观看郑和下西洋纪念邮票及相关录像，理解郑和下西洋的意义之二：明朝同三十多个国家建立了友好关系，扩大了中国同亚非各国经济文化的交流；通过 15 世纪世界航海史上两大壮举的对比，认识郑和下西洋的意义之三：世界航海史上的壮举、航海活动的先驱。

四、运用"联"把历史重点知识联系归纳

联系归纳历史重点知识的种类很多，如比较、分析、概括、综合、归纳、演绎等，任何一个重点历史知识，它都不会是孤立单独存在的，其中重点历史知识归纳能力就是将众多历史知识进行归类整理，探求反映历史本质特征、内部联系和发展规律的思维能力。对学生这种能力的培养也是我们平时教学中必须关注的问题。

（一）归纳对象

可概括的历史重点知识，从历史发展的自身状况来看，主要有两大类；第一类主要是相对静态的历史事件的背景、原因、性质（或本质、实质）、结果（包括后果）、影响等；第二类主要是相对动态的历史发展过程及其趋势、规律。

（二）指导思想

1. 坚持马克思主义基本原理

辩证唯物主义所主张的普遍联系等原理在历史学习中得到了充分的体现。例如，由于生产力的发展，推动了工业革命的开展，西方资本主义经济迅速发展的同时需要获取更多的原料产地和商品销售市场，这迫使西方国家走上了对外侵略扩张的道路，随着鸦片战争的爆发、《南京条约》的签订，中国逐渐沦为半殖民地半封建社会，中国的民族资本主义经济在帝国主义、本国封建主义和官僚资本主义这"三座大山"的重压下发展很不充分，导致了近代中国的民族资产阶级具有很强的软弱性、妥协性，无法领导中国人民取得民主革命的胜利，资产阶级共和国的方案被迫流产。

2. 遵循历史常识

如时间是学习历史要考虑的第一要素，前后顺序要牢牢记住。要做到"论从史出"，严格依据历史信息，切不可想当然地信口开河。

（三）过程方法

第一步：分类。从时空相同、性质类似的史实中找出一些共性的东西，如鸦片战争、甲午中日战争、八国联军侵华战争、日本全面侵华战争都属于列强率先挑起的战争。

第二步：罗列。这里所谓的罗列指的是罗列出纵向横向相关的重点考察的历史史实，相对而言历史史实较为完整，也比较可靠。但为保证历史结论的准确性和可靠性，我们一定要尽可能全面考察历史，搜集尽可能多的历史信息，而且在研究有关问题时不能忽视现实史实的存在。

第三步：总结。总结过程中要注意方法的灵活应用，如分析历史问题可从政治（包括军事、外交、民族关系、法律等）、经济、思想文化三个方面考虑；原因可分为内因、外因，根本原因、直接原因，主观原因、客观原因；影响可分为积极影响、消极影响，直接影响（对当时的影响，相当于作用）、深远影响（对后世的影响）等等。

第四步：升华。为什么太平天国运动会失败？为什么义和团运动会失败？一言以蔽之，这都是由农民阶级自身的局限性和他们生活的时代局限性所导致的。

总之，只要贯彻"去伪存真、去粗取精、由此及彼、由表及里"这十六字方针，历史重点知识的总结一般会比较成功。

（四）呈现方式

第一种，线索。在古代史教学中最为常用的呈现方式就是以箭头为指示，按照朝代演变的顺序，很清晰地呈现出来。

第二种，框架。充分利用大括号，按照内在逻辑关系，把相关历史知识如背景、过程、影响从上往下一一排列，各分项如背景还可进一步细化。

第三种，表格。如《社会生活的变迁》这个单元，可在表格中这样安排：横排分为"鸦片战争后""辛亥革命后""中华人民共和国成立后""改革开放后"这四个阶段，竖排先分为两大类别：物质生活、精神生活。在物质生活中，再细分为"衣""食""住""行"这四个方面，而且每个方面还可进一步细化。在精神生活中，再具体分为"风俗习惯""大众传媒"这两个方面，然后再细分。一个表格的绘制思路一般如此，即要能找出不同的时间和空间（或人物、事件等），再加以重组。

第四种，图表。如近代中国民族资本主义经济的发展历程，可画一个只有右上部分的坐标系，横坐标为时间，纵坐标为发展指数，把各时期的发展指数连在一起就构成了近代中国民族资本主义经济发展的曲线图。

第五种，诗词。如对时间的记忆，就有这样的朝代演变歌：夏商与西周，东周分两半，春秋与战国；一统秦两汉，三分魏蜀吴；二晋前后延，南北朝并立，隋唐五代传；宋元明清后，皇朝至此完。

第六种，口诀。如中国画发展演变的口诀：中国画起原始，演变各朝有特点。三代人物肖像主（夏商周），秦汉门类最齐全。士大夫有名作，魏晋南北画活跃。隋唐五代画高峰，两宋艺术全发展。文人画元明清，写意山水占主坛。

总之，教无定法，面对历史教学中的重点难点，我们要以勇敢的心态，采取适当的方法，引导学生突破之。教学方案的编制，教学方式的选择都要充分体现以学生为本，紧紧围绕教学重点难点，以效益为核心。唯有如此，实现有效教学才不会成为一句空话。

第二节　对初中历史教学重难点的思考与再认识

历史的知识量很大，因此教师在处理教学内容时或是在历史课堂教学中，要注重更为有效的方式、方法。要抓住课堂教学的重点，从而提高历史课堂教学的效率。初中的历史内容从人类的起源到近现代社会，其中讲述了我们中华民族的智慧、荣辱和兴衰。因此，初中的历史课程对于培养青少年爱国情怀具有很重要的意义。同时，学生通过对历史的了解与学习，可培养民族自豪感，使学生形成正确的人生观和社会观，从而促进学生综合素质的全面发展。但就目前而言，初中历史课堂的教学效率很低，其原因主要是传统的历史教学模式使得历史课堂枯燥而乏味，师生间缺少互动和交流，导致学生对历史课堂的教学内容毫无兴趣，从而出现注意力不集中的现象。因此，提出新型的教学模式是目前初中教育者的一项重大任务。

随着课堂教学改革的不断推动，新的教学观念和教学方法逐渐形成。初中历史教学的重难点问题解决方法已成为初中历史教学的热点话题，也是教师教学水平和能力的体现形式。新的教学观念和教学形式给初中历史教学带来了新的变化，极大地影响了历史学科教学。特别是学生对于历史重难点问题的思考，学生的思维方式和问题解决方式要得到突破，需要教师不断地改革和创新教学策略，引导学生解决重难点问题，掌握有效的学习方法和应用技巧，推动初中历史学科高效发展。

一、合理利用信息技术突破历史教学的重难点问题

在历史教学中教师不仅要向学生传授历史事实，而且要引导学生学会分析、概括、综合、引申历史事实的方法，从而形成能力。这在初中历史教学中尤其明显。可是历史教学研究对象又都是已经发生过的事件，教材中的某些内容比较抽象或复杂，年代久远或地域空间概念强，学生感到陌生，在现实生活中很难获取直接的生活经验来印证，这些要求单凭教师的语言教授是无法实现的，使用传统的教学手段很难突破这些重点、难点。而运用多媒体教育技术，可变抽象为具体，变无声为有声，以图文并茂、声像俱佳、动静皆宜的表现形式，大大增强学生对事物与过程的理解与感受，调动学生各种感官共同作用以强化感知，极大地节省课堂讲授时间，加深学生对知识的多层次、多角度的掌握，进而可利用多余的时间引导学生对于历史深层次地探索和把握。如讲中国近代史"红军长征"内容时，对于中央红军和红四、红二方面军等红军长征行军路线，学生往往难以听明白。我们

可在课堂上使用自制的多媒体课件，分别演示各路红军的长征行军过程。特别在中央红军长征路经重要地点时，课件能自动、醒目地显示途经地点的名称、重大历史事件并配以历史图片和文字讲解。学生看了演示动画后自然效果好，大多能听清楚工农红军艰难险阻的行进路线。

随着信息技术的不断发展，在历史教学中教师要借助信息技术的便利性和高效性来进行教学方面的拓展，通过历史的相关影像来进行教学内容的讲解，加深学生的学习，可有效地提高学生的学习主动性。教师也要在教学当中与学生进行沟通和交流，了解学生的兴趣爱好，根据学生的兴趣特点来进行教学方面的创新，使学生更好地进行学习和探索，激发学生的学习主动性。例如，在引导学生学习沟通中外文明的"丝绸之路"这课时，教师就可通过多媒体来展示丝绸之路的地图路线，并且通过视频影像来展示丝绸之路的贸易特点及意义，使学生更好地进行理解和记忆，增强学生的学习主动性，更好地帮助学生进行思维上的提升和拓展。教师也可在课堂之上展示一些历史事件的代表性文物，使学生能在欣赏的过程当中进行思考和联想，有效地提高学生的学习主动性，增强历史课堂的趣味性。

二、通过故事教学法引导学生解决教学重难点

初中历史教学要实现教学的有效性。教师可有效运用历史故事，引导学生积极学习。教师在教学之前需要选择好的历史故事，实现课堂的有效性，营造良好课堂教学开端，在教学初始阶段吸引学生的注意力。例如，学生在学习《世界的文化杰作》时，教师就将音乐家贝多芬的故事导入课堂，让学生通过听故事的形式顺利地完成教学内容的过渡，从而达到吸引学生注意力的目的。在课堂上通过贝多芬与公爵的故事，学生对音乐家贝多芬的思想情感有更深入的理解，通过故事吸引学生，从而更好地过渡到世界近代史，了解其他的音乐家、文学家、美术家等。这样的教学方式，不仅受到了学生的一致认可，还能让学生对欧洲近代史上所涌现出的艺术家有更多的了解，并提高学生对相关艺术作品的鉴赏能力。又如引导学生学习《第一次世界大战》时，我给学生讲了奥匈帝国在吞并邻近地区之后，通过军事演习的方式挑衅周边的国家，最终引发第一次世界大战，导致萨拉热窝事件成为第一次世界大战的导火索。通过故事讲解，学生对萨拉热窝事件产生好奇，以及对第一次世界大战形成的主要原因产生疑问，让学生带着好奇心积极地进行历史实践活动，自主探究知识。通过故事导入的方式，让学生了解更丰富的历史背景知识，丰富学生的精神

生活。通过小故事设置悬念的方式,让学生对历史学习拥有浓厚的兴趣。这不仅能激发学生历史学习的兴趣,还能让学生更加积极自主地参与历史教学活动,提升教学效率。

三、将历史重难点知识与时事热点有效融合

历史教学中,教师可将学生感兴趣的一些时事热点内容导入课堂,以增加学生的知识储备量,同时激发学生历史学习兴趣。例如,学生在学习《海峡两岸的交往》时,在教学中教师就给学生展示了许多相关材料,并展示了近期的时事热点新闻,当学生在观看了这些视频内容之后,教师可引导学生谈谈自己的体会。学生都积极发言:"应反对分裂主义,实现祖国的伟大统一!""要维护中国领土完整性。"当学生观看完视频,学习完这节内容之后,教师可要求学生根据所学内容有条理地分析时事热点,并表达自己的真实体会。时事热点的导入,吸引学生注意力,让学生在学习中始终带着问题思考,激发学生的学习兴趣,更好地突破教学的重难点。

四、互动教学法在历史课堂教学中的应用

互动教学法顾名思义就是学生间通过合作来学习的"组团制",以学生学习小组为教学组织手段,并通过教师的引导,开展合作式学习,发挥团队的力量去完成教师设置的任务。就目前而言,互动教学法被广泛地运用到课堂中,它主要突出了学生在课堂教学中的主体性,更加注重课堂上学生间的互动和交流,让历史课堂更加活跃,从而使得学生从历史学习的被动性向主动性获取知识发展,真正地实现寓教于乐。互动教学法主要体现的是学生间的互动,除此之外,教师与学生间的互动和交流也很重要。在历史课堂教学的过程中,教师注重与学生间的互动交流,及时了解学生对课堂教学内容的消化情况,从而对其课堂教学方法进行修改和完善,不断地探索出有效的历史课堂教学模式,从而提高课堂教学的效率和质量。

另外,教师通过与学生深入互动,可充分掌握学生的学况,并根据学生间的差异性,因材施教。在历史教学课堂上,教师要给予学生必要的赞扬,从而鼓励学生的学习自信心,从而改变学生对历史学习的态度,激发学习兴趣。同时,教师要适当减少讲课时间,多鼓励学生进行自我表达,增加学生实践、研究和交流的机会,从而提高学生学习历史的积极性和主动性。

五、有效增强历史课堂趣味性

历史教学要让学生始终保持快乐求知的状态，需要对教学进行改革和创新，让教学变得更具趣味性。例如，学生在学习《三国鼎立》时，教师将生动有趣的故事内容导入课堂，让学生对这部分知识产生浓厚兴趣，并且让学生分享自己所知道的三国故事，让整个课堂氛围活跃起来，更好地引导学生突破教学重难点，提高课堂教学效率。良好的课堂导入能促进历史课堂的顺利进行。在教学中，教师应当借助各种有效教学手段，来增强课堂导入的趣味性。教学《三国鼎立》时，为有效激发学生学习兴趣，教师借助多媒体给学生呈现了一段影视剧《三国演义》的视频，让学生对历史事件发生的背景、时代及主要历史人物有一定的了解。在观看完视频之后，没有多少历史基础的学生自然会有许多问题，于是教师让学生举手示意，提出他们的疑惑。有学生提出这样一个问题：老师，刘备真的具有皇室血统吗？也有学生询问：老师，真的会有像诸葛亮一样聪明的人吗？待到学生提完问题之后，笔者并未回答，而是揭示了本节课的学习内容，即三国鼎立，并告诉学生这些问题都可从即将要学习的新课中得出。听到这个消息，学生自然会在之后的学习中，全身心地投入进来，如此，也就促进了历史课堂的顺利进行。良好的课堂导入是促进新课顺利进行的前提与基础，在教学之前，教师应当结合班级中学生的学习现状及新课内容，借助信息技术等进行良好的课前导入，以确保在最短时间内激发学生学习新知识的热情与兴趣，从而确保教学目标的顺利完成。

教师在进行课堂讲解的过程当中要结合学生的生活场景及家乡特点来进行教学，带领学生在活动当中进行有效思考，使学生能产生对历史学习的兴趣，从而提高历史教学的效率。教师也可在教学当中借助历史的各类杂志，引导学生对当前历史事件进行学习，增强学生的学习兴趣，提高学生的学习主动性。"有感而发"说明创设课堂教学气氛的重要性，只要教学的氛围达到某种程度，学生的学习就会达到某种意境。一是创设情景教学能使得历史教学更具有活跃性，激发学生学习共鸣的意识。比如，甲午战争片段的多媒体演播会让学生铭记国耻，激发学生的爱国热情。二是情景教学能提升学生学习历史的兴趣。例如，教学"西安事变"时，教师先是给学生讲解此事件发生于何时，产生了怎样的影响。笔者站在一定的高度说了一番话，但学生们在讲台下却表情木然，我自知不妙，赶紧转化策略。笔者在黑板上写下了几个名字"毛泽东""周恩来""蒋介石""张学良""杨虎城"等，这节课，笔者通过人物讲故事，通过故事讲历史，将必要的历史知识暗藏其中。这样一来，学生学习的兴趣明显高涨了很多。笔者借助多媒体，以及绘声绘色的语言描述，将这一重要的历史事件生动地展现在学生眼前,使学生在故事的情境中学习了历史的知识,培养了对历史的兴趣。综上所述,随着时代的发展,历史教师要更好地突破教学中的重难点问题,要做到与时俱进,不断提升自身的教学水平,转变教学观念,创新教学模式,为学生营造一个良好的教学环境氛围,通过科学合理的引导,激发学生学习积极性,引导学生有效突破教学重难点,提升课堂教学质量。

第三节 初中历史课堂中巧用史料破重点难点

历史教学是初中阶段教学任务的重要一环,历史学科作为一门人文学科,其涵盖的知识点较为零散,信息量较大、覆盖面较广,此种特点也为教学工作的开展带来一定难度。在新课程改革教育背景下,史料教学法应运而生,为学生学习注入新动力,也为教学工作打开新局面。

史料教学,顾名思义就是以史料作为学生进行学习的基础,将其看作研究历史的证据。引导学生积极主动地参与到探究活动中,以此对历史知识形成全新认知,并促进历史思维能力的发展和历史史证意识的提升。就目前情况而言,初中历史教学逐渐暴露出诸多弊端,如教师的教学思想根深蒂固,所采取的教学手段单一乏味,没有掌握运用史料进行教学的技巧,导致学生对于历史学科逐渐丧失兴趣,在课堂教学中无法深刻理解教学重点,造成学生的历史水平始终停滞不前。针对上述问题,初中历史教师需要转变观念,在课堂教学中运用史料突破重点、难点,通过营造历史情境,带领学生感受历史现场,以此调动学生的积极性,加深学生对历史知识的理解,并形成系统的历史思维体系,锻炼学生探究历史的能力,促使历史课堂重新焕发活力。

一、营造历史情境,调动学生学习历史的积极性

为保证初中历史史料教学的有效性,教师应首先营造历史情境,以此调动学生学习历史的积极性,继而为教学工作的顺利开展提供有力保障。针对枯燥的教学模式难以有效提升效果,学生更倾向于用感性的方式认识事物这一特点,任课教师应明确史料所具备的特性,包括形式多样、内容丰富、蕴含史论,等等,通过运用史料创设历史情境,以此激发学生的学习热情,由被动学习转化为主动了解,继而积累更多的历史知识,收获全新的

课堂体验。以古巴导弹危机这一史实为例，教师可向学生展示"美军监督下的苏联货船"照片，在不给出标题的前提下，引导学生对船的关系进行判断，在此情境下，学生能主动思考探究，学习积极性也随之不断升高。

（一）创设问题情境

在历史课堂教学的过程中，教师可通过情景教学法来创设问题情境，并引导学生对问题进行思考、实践、探究，最后得出答案。学生在此过程中，提高思考能力和解决问题的能力，引发自主性学习，从而掌握历史课堂的教学内容。例如，在《灿烂的青铜文明》一课中，教师可先让学生进行自主学习，快速阅读课文，然后回答下列问题。第一，青铜器何时开始出现？第二，夏、商、西周时期灿烂的青铜文明的主要内容是什么？并都具有什么特点？第三，我国青铜文化的灿烂时期在什么时候？其代表作是什么？通过层层设问，教师引导学生进行思考，锻炼学生的思维能力，并在阅读理解课文内容后找到答案，帮助学生对历史教学内容初步了解，这方便之后教师的深入讲解。

（二）创设表演情境

在历史课堂教学的过程中，教师可通过情景教学法来创设表演情境，引发学生参与课堂学习活动的积极性和主动性，从而激发学生的历史学习兴趣。让学生对历史课文中的历史人物进行角色扮演，不仅可加强学生对历史知识的掌握，还可提高学生的思维能力和想象力。例如，在《伐无道，诛暴君》一课中，教师可让学生根据自己的想象，创作《大泽乡起义》的剧本，并根据剧本的故事情节进行角色扮演。教师可采用小组学习制和计分制，一个小组一个代表作，最后学生进行投票，票数最多的小组有奖励并计分。在这些场景中，学生能积极地参加到教学活动中，增加了历史课堂的活跃性，从而提高了历史课堂教学的有效性。

（三）创设语言情境

语言情境主要是教师通过自己的语言对历史事件进行描述，从而促进师生之间的情感共鸣，提高历史课堂教学的质量。例如，在《红军不怕远征难》一课中，教师可将自己的情感融入历史课文的描述中，主要突出红军在万里长征中不畏困难险阻、坚持到底的顽强精神品质，从而激励学生面对学习或是生活中的困难时，也要向红军学习百折不挠的精神，从而战胜困难。

二、感受历史现场，加深学生对历史知识的理解

在初中历史教学中，针对某一历史现象，教师应以设身处地的态度，基于同情之理解的原则，进行全面考量与深入分析。具体到实践中，任课教师可通过史料带领学生进入历史现场，以此使学生切身体会历史内容，继而加深对历史知识的理解，此种教学方法能进一步培养学生的思维能力，使其形成系统的历史知识体系，继而实现全面提高历史水平的教学目标。比如，教师在讲解秦朝巩固统一的经济措施时，可为学生提供"田畴异亩，车涂异轨，律令异法，衣冠异制，言语异声，文字异形"这一史料，并提出与之相关的问题，使学生在理解史料的同时，加深对课堂教学重点的理解与印象，继而深刻体会秦朝统一货币、文字等的重要意义。

三、培养证据意识，培养学生探究历史的能力

历史教学其根本目的不是使学生记住历史知识，而是带领学生掌握研究历史的技巧，并能以史料为证据展开历史探究活动。具体表现为，任课教师在借助史料进行课堂教学时，可运用史料营造探究氛围，促使学生自发、独立地发现问题，并以史料作为证据，对问题展开深入研究，在此过程中，学生不仅能积累历史知识，也能促进历史学习方法的进一步发展。

四、揭示史料本质，促使学生形成历史思维

运用史料形成对历史的全新认知，此过程能实现思维具体化，并由现象延伸到实质，进一步促进学生历史思维的形成。具体表现为，教师可根据所给材料，带领学生开展阅读活动、思考探究、交流分享，使学生构建对历史学科的新认知，确保历史思维能力得到有效锻炼，与此同时，教师应充分发挥学生的主导作用，使学生形成善于观察、勇于探究的学习习惯，促使历史课堂教学质量得以显著提高。以秦朝的专制主义中央集权制度为例，学生对于抽象的历史概念难以切身体会，而教师可提供与之相关的史实材料，并结合材料抛出问题，使学生通过查阅教材或书籍，快速形成历史思维，深刻领会历史内容的更深层次含义。

综上所述，在初中历史课堂中巧用史料，能有效突破教学重点、难点，促使学生形成全新的历史认知，并收获多重课堂学习体验，全面提升课堂教学质量。为保证历史史料

教学的有效性，教师应认清初中历史教学现状，通过营造历史情境，调动学生学习历史的积极性，培养证据意识、揭示史料本质、感受历史现场，促使学生在此过程中，加深对历史知识的理解，形成历史思维，并培养探究历史的能力。

第四节　思维导图在历史重难点问题教学中的应用

初中阶段历史学科涵盖了中外发展历程，时间跨度大、知识点多。这不仅需要学生理解学习，还需要学生记忆并形成科学历史价值观。传统教学过于强调知识的记忆而忽略知识点之间的逻辑、因果关系，导致学生学习效率不高。针对此将思维导图引入初中历史重点难点知识教学中，在提升课堂教学效率的同时，也可引导学生思维，加强师生之间的思维交流。思维导图是一种简单有效的可视化思维工具，借助文字和图形的结合，将左脑和右脑思维特点结合起来，将许多看似枯燥、不容易记忆的信息组织起来，明确展示各个知识点之间的逻辑、隶属关系，而且借助思维导图能将知识和思维表象化，便于理解和记忆。

一、初中历史学科的特点与思维导图的意义

初中历史包含了中外从古至今的历史，以时间为线索从不同角度讲述了中外历史。虽然其中包含了许多的知识点，但是每个知识点之间并不是孤立的，其逻辑十分清晰，知识脉络明确。这些历史知识点如果依靠背诵记忆，往往会出现混淆的情况。在将思维导图应用到历史教学中后，我们可将每个单元、每个专题的内容制作成为思维导图，将这些零散的知识进行整合，厘清历史发展脉络，加深学生的记忆和理解。在初中历史教学中应用思维导图，既可转变学生思维和学习方式，由被动接受转变为主动获取；也能让教师实现教学方式的转变，根据教学内容完成一幅思维导图，历史中的重点和难点知识也就呈现出来了。

二、初中历史教学中思维导图的应用

一个完整的思维导图除了核心关键词与知识点外，还应该具备图形、分支、颜色等要素，借助这些要素能将各个知识点的关系区别开来。目前的思维导图制作主要有手绘和

计算机绘制两种方式,在实际课堂教学中为提升教学效率和质量,教师可以鼓励学生动手绘制思维导图。在《戊戌变法》一课中,教师将重点和难点知识讲解后,可要求学生根据板书内容和记忆自己绘制思维导图,然后让学生根据导图来复述教学内容。

(一)《戊戌变法》教学重点和难点

该课教学目标是通过对变法过程的学习,提升学生的历史想象力和分析能力,激发学生爱国精神和民族复兴的责任感。重点是公车上书与百日维新。难点是了解戊戌变法的历史意义。

(二)教材知识点的板书

1. 变法背景

甲午战争失败后,列强通过资本输出控制中国经济命脉;强占租借地瓜分中国,中国面临着沦为殖民地的危机。

2. 变法序幕

在甲午战争失败后,康有为等发起公车上书反对《马关条约》,请求变法。虽然失败了,但是其促进了中国群众政治运动的发展,揭开了戊戌变法的序幕,维新派登上历史舞台。

3. 准备阶段

组织学会、创办报刊,严复翻译《天演论》宣传"物竞天择"的观点,奠定了戊戌变法的基础。

4. 变法实施

1898年6月,光绪帝颁布《明定国是》,宣布变法。

5. 变法主要内容

政治上实行君主立宪,允许官民上书;改革旧制,裁撤沉冗机构;取消旗人由政府财政供养的特权。经济上奖励农工商业,改革财政。文化教育方面,废除八股,开办新式学堂。军事上裁减绿营,实行征兵制,训练新式陆海军。

6. 变法结果

失败。标志为1898年9月慈禧太后发动政变,囚禁光绪帝。

7. 失败原因

封建守旧势力强大，资产阶级维新派力量弱小是根本原因。维新派依靠没有实权的皇帝，没有群众的支持、急于求成（154项变法诏令）、对封建势力和列强存在希望。

8. 戊戌变法的意义

是一次爱国救亡的运动，激发人民爱国热情；也是一次思想启蒙运动，促进人民觉醒；也标志着资产阶级改良运动的失败。

（三）重点难点知识思维导图的绘制

在讲授完课程后，教师可根据时间线对内容进行粗略复习，找出其中的核心关键词和连接点。在这个过程中，教师可设置一些问题来引导学生思维的发展，形成知识探究能力。根据知识点不断细化思维导图，借助颜色和数字，将各个事件的先后顺序和关系表示出来，让烦琐的知识系统化、表象化。学生根据这一个思维导图就能完成课程学习，思维导图具有让思维整体性、记忆系统化的特点。

（四）思维导图在教学中应用的反思

思维导图是教学辅助工具，在应用中能加深学生对知识点的记忆和理解，但是在课堂短短的45分钟时间内，如果学生思维不能跟上教师节奏，那么思维导图的绘制将会十分困难，甚至会出现逻辑等方面的错误。因此在使用过程中，教师授课、板书中要为学生提供清晰的内容。另外，学生绘制时要形成全局观念。因此在课程教学完成后的复习过程中，笔者加入了复述环节，借助复述来复习知识点，同时也检验思维导图的正确性和应用效果。

目前思维导图已经被应用到各个学科教学之中，有效提升了学生学习效率和质量。作为一个形象化、可视化的思维工具，在初中历史教学中应用思维导图主要是帮助学生记忆重点难点知识，理清事件发展顺序和内在关系。这对于提升学生的学习能力、分析和理解能力无疑是极其重要的，值得在历史教学中推广。

第十章
初中历史高效课堂构建方法

第一节 初中历史高效课堂构建探讨

众所周知，在初中阶段，历史是一门非常重要的学科。历史这门学科一直具有大量的时间、地点、人物、事件、定义等要求学生熟悉并背会的知识点。传统的教学方式，不容易集中学生的课堂注意力，不利于学生的知识获取。要想保证历史课堂的高效性，教师必须更新旧的教学观念，在课堂中运用多种多样的方式，让学生在愉快和谐的学习氛围中进行学习，从而激发学生的学习兴趣，提高学生的历史水平。历史课堂教学的高效性是指教师在历史课堂教学中运用多种多样的教学方式，从而使学生收获知识，提高学习能力，提升学生的情感态度，并培养学生树立良好的价值观。初中生在经历小学基础教育之后，已经有了一部分的知识储备，但是在历史的教育课堂中，仍然会出现注意力不集中等现象。而运用什么样的教学手段和教学方式，集中学生的课堂注意力，从而科学合理地构建历史高效教学课堂，仍是教师目前需要思考的重要问题。

一、布置预习复习任务

引导学生进行预习是合理构建历史高效教学课堂的基础，也是历史教学中的重要环节。教师在教育教学中给学生布置预习任务，让学生在学习这节课之前提前进行了解与准备，有助于学生对知识的掌握和了解，从而提升学生的理解能力和知识点记忆能力。让学生提前寻找自己不懂的问题，锻炼了学生善于发现问题、深入探究的能力。在课后教师及时地给学生布置复习任务，有助于学生课下进行自主学习，让学生对已学的知识进行温习，查漏补缺，学生在课上没有了解透的知识，可以通过复习进行自我分析和探讨，提高了课堂效率。例如，在教授《西汉建立和"文景之治"》这课之前，教师结合课文内容给学生布置一张导学案，让学生结合课本对导学案的内容进行填空，并把自己认为重要的部分用笔进行勾画，在预习过程中学生有不懂的问题，要及时做好标记，课上向教师请教。这样就提高了课堂的授课效率，学生提前对知识进行了预习与了解。教师以学生勾画的不懂的地方作为重点与难点进行讲解，有助于加深学生的记忆，锻炼了学生自主学习的能力，从而提高了教师授课的课堂效率，教师可以利用多余的时间对学生进行知识扩充。除此之外，教师在进行这节课的教授之后，给学生布置课下作业，让学生对所学知识进行复习，加深了学生对所学知识的记忆。

二、增加课堂互动

新课程改革要求教师在教育教学中要重视课堂上学生与教师的互动，要运用多种方式调动起学生的课堂兴趣。传统的"填鸭式"教学缺乏互动，忽略了教学中应该发展学生的思维能力和理解能力。枯燥乏味的课堂不利于高效教学课堂的构建，容易分散学生的注意力，使得课堂中出现交头接耳、走神等现象。因此教师在进行历史教学时，应该增强课堂互动，比如教师可以组织学生进行小组讨论和情景教学等，营造和谐愉快的课堂氛围，让学生在轻松环境中学习新知识，提高学生的学习效率，激发学生的学习动力。例如，在教授《秦末农民大起义》这节课时，教师引导学生了解秦朝暴政的重要表现，并向学生提问，让学生思考秦末农民起义爆发的直接原因和根本原因，让学生结合课本，用自己的话分析出来，并鼓励学生踊跃回答。教师随机进行提问，让所有学生都积极投入思考之中去，这有助于锻炼学生的思维能力、材料概论能力和表达能力。此外，学生积极踊跃地参加问题的回答，有助于集中学生的课堂注意力。教师让学生小组讨论"秦末农民起义有两个阶段，分别是哪两个阶段"，让学生积极进行讨论与思考，这有助于活跃课堂的学习气氛，从而提高学生的学习效率。

三、课堂讲解重点难点

对教师而言，要想改变教师教学的质量，提高学生的学习能力，从而构建历史高效教学课堂，最重要的就是在课堂上进行重难点讲解。历史教学中，不仅有很多复杂难记忆的知识点，也有容易混淆的时间与地方，更有难以记忆难以分析的事件及其历史意义，因此教师在教学中应该结合学生总结历史教学的重难点进行着重讲解，可以结合课堂提问或者课下布置作业等，从而加深学生对知识的印象，帮助学生进行高效学习。学生在理解掌握了重难点知识点以后，历史水平就得到了大幅提高，从而有助于历史高效率教学课堂的构建。例如，在教授《汉武帝巩固大一统王朝》这一课时，本节课中汉武帝巩固大一统的措施，是课程的重点，是需要学生熟悉掌握并背诵的，而"推恩令""罢黜百家、独尊儒术"是本节课需要学生理解的难点。教师在教学中，就应该结合其重点难点进行着重讲解。因为本节课授课对象是七年级学生，其在知识的理解方面比较薄弱。教师可以将"推恩令"和"罢黜百家、独尊儒术"这个知识难点，运用风趣幽默的语言，以一则小故事方式帮助学生吸收与理解，从而提高课堂的教学效率，让学生在欢乐和谐的课堂中学习，这有助于高效课堂的构建。

总之，随着新课改不断深入，高效课堂成为课堂改革的重要目标。历史高效课堂是目前历史教师面临的重要课题之一。高效课堂的构建要求历史教师在短暂的45分钟之内不仅要让学生学到知识，也要让学生能够高效学习。因此无论是在课前还是授课中教师都要做好充足的准备，运用各种各样的方式，引导学生进行充分的学习与复习，鼓励学生融入课堂中，感受到课堂的活跃气氛，提高学生的学习能力，从而构建高效的历史课堂，锻炼学生的学习能力，提高学生的历史水平。

第二节 立足核心素养，优化初中历史课堂教学

随着教育改革的逐渐深入，历史学科的地位不言而喻。近年来，核心素养越来越成为人们热烈讨论的话题。所谓核心素养，就是将教学目标与"以德树人"的目标相脱离，用考试改革促进课程改革，让课程改革反作用于考试改革，让学生更好地学习历史知识。在经济快速发展的今天，核心素养的培养已经普及到教育的各个阶段、各项教学活动中。中学历史学科核心素养主要指的是在中学教育过程中，通过历史教育让学生形成具有历史学科特点的必备品格、正确价值观念及关键能力。历史代表着一个国家的发展史，是值得学生永生牢记的经历。而初中阶段，学生思维活跃度较高，传统的教学模式已经无法满足学生发散性思维的特点。因此，教师应注重学生的学习方法和思维逻辑的拓展，多引导学生，培养学生的学习兴趣。

历史课程是初中阶段重要课程之一，对于学生的历史认知、家国情怀培养都有着深刻的意义，因此中学的历史教育对学生来说非常重要。中学历史教师需要合理安排课堂讲授的教学方法，提高教学质量，进而达到高效课堂教学的目的。高效课堂就是用最少的时间、人力和物力来达到理想的教学效果。按照新课程标准的有关要求，学生已经成了新课程教学改革的主要内容。课程是否真正有效，很大程度上取决于学生的主要表现。因此，

为了有效地进行课堂教学，中学历史教师必须采用适当的教学方法，以此实现初中阶段历史高效课堂的建设。

一、当前初中历史教学中存在的问题

（一）历史教师水平参差不齐

随着经济的发展，人们越来越关注历史的发展，对历史课程的重视度也不断提升，但历史在所有科目中的地位仍比较低，教师的教学水平也参差不齐。很多学校认为，只要让学生记住历史课本，就足以应对考试。但随着教育改革的不断深入，当今的历史已经不仅仅局限于课本知识，其要求学生对历史要有足够的认识和思考。

（二）学生的主观能动性被忽视，学习兴趣不高

传统的课堂教学就是老师按照课本内容，给学生读出课本知识。学生就一味用笔画出重点。教师单纯地让学生把握考试内容，对于具体的知识，学生一概不知。教师主导课堂，死板枯燥读课本，学生的主体地位被剥夺，上课注意力不易集中。教师也常常忽略对学生主观能动性的培养，忽略学生之间的差异和个性，教学模式古板单一，这导致学生学习积极性不高，无法有效吸收历史知识。

（三）师生互动少，课堂活跃度低

当今我国教育主要以启发式教学为主，这一模式注重培养学生兴趣，但教师与学生在课堂教学中缺乏沟通与交流，教学工作仅仅成为教师的独角戏。长此以往，学生上课时会注意力不集中、开小差等，这种教学方式无法调动学生的学习兴趣和学习欲望。当今的教学模式通常是，历史教师课堂上简单讲解课本知识后，下课就离开教室，不再询问学生的学习状况，课下与学生通常都是零互动，有的学生有疑问和不解也只能不了了之。此外，教师对学生也缺乏了解，师生的默契程度基本为零。

二、基于核心素养的初中历史课程教学优化

（一）加强情景教学法的应用

初中历史主要介绍了我国及整个人类文明的发展历程，大多数内容非常的乏味与枯

燥，导致整个课程的趣味性不是很高，很难对学生产生较高的吸引力，从而影响初中历史教学质量。所以，初中历史课程教学开展时，教师应增加整个教学活动的趣味性，只有这样，才会使学生有效参与到教学活动当中，提升其学习效果，而想要达到这一目的，教师可以加强对情景教学法的应用。以《洋务运动》一课为例来说，教师根据该课题的主要内容，并通过互联网等途径收集一些与该事件相关的资料，从而设计出相应的表演剧本，之后从班级学生当中，选择出一些学生来扮演曾国藩、李鸿章、张之洞等人物，按照剧本完成整个表演活动。学生表演结束之后，对这一事件进行讨论，并由教师最后总结。这样开展教学活动，由于学生能够直接参与进来，将会有效激发其参与的积极性，学生不仅提升了对该事件的了解，而且还掌握该事件失败的原因及对现代社会发展的影响。

（二）时空观念与史料的融合

对于历史课程来说，大多数事件均发生在很久之前，这导致学生对这些事件并不是很了解，从而在一定程度上影响历史教学的效果。因此，为了提升初中历史教学效果，加强对学生核心素养的培养，教师则要在开展历史教学活动时，有效地将时空观念与史料进行融合，即教师以各个单元为背景，设置出时间轴，并利用相应方式对学生进行引导，使其思考自己对历史发展的认知，寻找出自己了解程度较低与较高的历史事件。学生将这些信息提交给教师之后，教师就会有针对性地对学生进行培养。如在讲解七年级下册第二单元时，教师在上一节课结束之前，可以从五代十国开始，到元朝结束，绘制出时间轴。学生通过对这一段时间历史的梳理就会发现，由于课本中讲解这一时期的内容非常少，自己对五代十国的内容了解不多。之后，学生将这一信息提交给教师。最后教师利用校园图书馆、网络等途径，搜集这一时期有关的资料，并在开展教学活动时，将这些资料展示给学生，从而提高学生对该时期历史的了解程度。

（三）培养学生自主学习能力

想要提升初中生的核心素养，不仅需要其在课堂当中积极主动地配合教师教学，而且还要自主对学习内容进行研究，通过自己的研究，逐渐挖掘出问题，并通过教师询问、互联网搜索等方式，将问题解决。也就是说，初中历史教学活动开展时，教师应在向学生讲解教学内容的同时，引导鼓励学生进行自主学习，以逐渐提升学生的学习效率。以民族团结这一知识点为例，教师应根据教学大纲的要求，设计出相应的学习目标。同时，针对学生的学习情况，教师将其分成不同的学习小组，并派发给各小组相应的收集任务。各小组根据教师发派的任务，利用课余时间收集相关资料。然后，在教学活动开展时，各小组派遣一名代表，将自己收集到的资料向全班同学进行展示，并由全班同学对资料进行探讨，通过学生之间的广泛讨论，得出学生的观点。最后，教师对学生得到的观点进行总结与改正，以达到增强学生核心素养的目的。教师开展各项教学活动时，应充分利用信息化技术，通过信息化技术的应用，收集更多与初中历史教学内容相关的资料，从而不断扩充教学内容，以使学生更好地掌握历史的发展，从而为其核心素养的快速提升打下坚实的基础。

三、充分做好课前准备工作

高效的初中历史教学准备要求教师从被动历史知识教育过渡到学生主动学习的教学模式，以促进学生的积极发展。教师需要了解当前教学方式的利弊，优化教学内容，并且将学生的学习需求与初中历史教学目标进行结合。以此，我们要在中学阶段创建一个高效的历史课堂。首先教师需要明确历史课程必须遵循的基本原则，以便科学地设定立体化教育目标，合理地设定课程目标。其次，教师便需要依据学生的发展现状来指导教学。在此前提下，教师应能够在课堂准备中结合学生的实际学习情况，以学生对知识的掌握为出发点，并针对每种情况进行适当的备课，以便所有学生都可以充分发挥才能。比如，教师可以在网络中找一些趣味性的历史短视频讲解，结合图像等内容让学生能够快速地进入学习状态，这样教师对学生的课程开展变得更加方便与高效，以此实现初中阶段高效历史课堂的建设。

四、提高学生学习思维能力

初中阶段的历史教师认为，学生更需要知道怎样去学习。所以初中历史教师需要在课程开展的过程中，加强对学生初中历史学习方式的指导，让学生能够在初中阶段有良好的认知能力。因此初中历史教师需要在课程开展的时候，加强与学生的交流，让学生敢于说出自己在学习中的问题，正确地引导学生进行质疑，让学生在质疑的过程中促进思维方式从片面到立体的转变，实现学生从被动到主动学习的转变。这不仅能够让学生学习知识，还能让学生掌握学习的方法，促进学生良好学习习惯的养成。以学生的自主学习为基础，教师的有效引导为途径，实现对初中历史高效课堂的建设。例如，《从九一八事变到西安事变》这节课程内容教学时，教师可以采用思维导图的方式来开展教学，通过对时间线或者事件的梳理，让学生对于整体的过程及前因后果都有了解，这样学生能够在学习的时候，更加具有条理性，以此形成框架式的学习。这样学生在课程中能够逐步地掌握学习的方法，逐步促进学习思维的强化，形成良好的学习习惯，这是构建高效历史课堂的必要过程。

五、以情景化教学调动学生兴趣

初中阶段历史课程包含了很多趣味性的内容，教师在开展课程的时候需要注意到这些内容，结合相应的教学方式来为学生构建情景化的教学，以此激发出学生对于课程内容的学习兴趣，推动学生参与到初中历史课程中来。因此教师有必要深入课程中去，对其中的知识点进行深入发掘，结合学生的学习需求来进行有效的情景构建，制定合理的教学方式，最大限度促进学生学习历史的积极性，实现学生自身学习能力的提升。所以教师需要能够对以往传统的教学模式进行突破，结合实际，大胆地进行创新，以此实现学生在当前阶段的有效学习与进步，推动初中历史学习的有效发展与提升。例如，《甲午中日战争与列强瓜分中国狂潮》这节课时，教师可对这一节课程进行情景化的模拟，教师将《马关条约》的签订进行情景化的演练，让学生分别扮演日方与清政府的谈判人员。教师在这一过程中可以对扮演清政府人员的学生进行诸多方面的限制，让学生能够亲身感受时代下的无奈，以及课程的含义，同时激发学生对课程的兴趣和爱国主义情怀，实现学生在当前阶段下的有效发展与进步。

综上所述，教师需要能够在课程中以有效的教学方式促进学生在当前阶段的发展与进步，推动学生在当前阶段对于课程内容的理解，从而促进历史高效课堂的建设。受到传统教育模式影响，初中历史课堂教学中无法最大程度地培养出学生的核心素养，这不仅影响学生学习成绩，而且不利于学生未来成长与发展。因此，在初中历史教学中，要更好地培养学生的核心素养，则要加强对情景教学法的应用，有效将时空观念与史料进行融合，培养学生自主学习能力，提升学生对历史背景及历史事件的感知。

第三节 九年级历史高效课堂构建策略探究

九年级历史课程不仅要求学生掌握新的知识，同时还要提高自身的复习策略。如何在教学和复习两者中达到完美的平衡是九年级所有学科面临的最大问题。而初中的历史学科，由于其年代久远，学生理解较少，知识点众多，学生的理解及整合能力有限，导致教学效果不佳。教师在讲述九年级历史内容时，这一学年的历史为世界史，很多学生对中国古代史比较了解，但是对世界史了解较少，所以教师应该适当进行拓展，激发学生的学习兴趣，活跃课堂的气氛。此外教师还应意识到世界史的发展和中国也有巨大的联系，所以在教学时还应注意知识的整合和迁移，提高学生的学习效率。最后教师还可以向学生讲述复习的策略，提高学生的学习效率，使学生能够从容面对中考。

一、打破教材局限，适当进行拓展，激发学生兴趣

在进行知识教学的过程中，教材内容虽然重要，但过于死板且无趣。学生逐渐丧失了学习兴趣，教师还可以适当进行知识拓展。教师可以提出相关的问题，鼓励学生进行思考，教师根据相关的问题情境，讲述知识，师生之间进行互动，拉近师生之间的距离，为接下来的教学创造便利，随后教师还应该注意鼓励学生进行发言，调动学生的学习兴趣。例如，教师在讲述《美国的独立》的相关内容时，可以向学生讲述，美国的三权分立是立法权、行政权和司法权分立，相互之间的顺序是不能颠倒的，这是美国宪法规定的，另外三权分立也并不是全分，而是你中有我，我中有你。教师可以提出相关的问题，美国的三权分立有哪些弊端？学生经过之前的学习和自己的理解进行解答，教师可以告知学生三权分立的弊端在于当其中一权独大时，会打破三权分立的平衡；教师还可以适当向学生讲述华盛顿在美国独立战争结束之后的做法，同时告知学生美国和英国之间的发展和联系，通过适当的知识拓展，提高学生的学习兴趣，在其中教师还可以讲述南北战争，结合视频《蹦跳的吉姆·雷特》进行讲解，活跃课堂气氛。

二、进行知识整合，实行横向对比，形成知识网络

在进行历史教学时，教师应该意识到历史内容相对较多，学生的理解能力十分有限，所以教师可以将历史知识进行整合，结合思维导图进行直观呈现。在思维导图构建的过程中，教师应该意识到，一般可以采取横向对比和纵向对比两种方式，世界史部分涉及多个国家同时期发生的事件，所以在教学时教师可以实行横向对比，形成知识网络。例如，教师在讲述"'蒸汽时代'的到来"的相关内容时，教师可以首先询问学生蒸汽时代到来的标志是什么？和之前的生产方式有什么不同，教师还可以询问学生第一次工业革命对世界的影响是什么？教师通过设置历史问题进行引导教学，首先结合信息技术将历史知识进行纵向的对比，结合思维导图培养学生的直观想象能力。随后教师还可以让学生进行历史知识的横向对比，并以此为引子，进行相关国家制度及社会形势的分析，比如这一时期英国发生了哪些事件，对英国的影响又是怎样的？其中法国、中国又在做什么？通过对不同国

家和地区同时代的对比，学生知晓国家之间的制度，随后教师还可以适当联系当下，讲述信息革命，使学生知晓所有的历史都是当代史，培养学生历史素养。

三、制订复习计划，讲述知识重点，提高复习效率

在进行历史教学时，教师还应该意识到，九年级的学生不仅需要掌握相关的知识，还应该面对中考的压力，所以在教学时，教师还应该注意帮助学生制订相关的历史复习计划，讲述知识重点，还可以结合例题进行简单分析，帮助学生进行知识的整合和题型的预测，为接下来的教学创造便利，提高学生的复习效率。例如，教师在讲述《第二次世界大战》的相关内容时，可以鼓励学生首先自主构建知识网络，随后向学生简述第二次世界大战爆发的原因、经过和结果。在这个过程中，教师还可以适当带领学生进行知识的复习，比如，在课前对学生之前的知识进行提问，将学生的学习情况进行层次划分，随后在复习过程中结合地图进行教学，对学生进行直观的能力培养，培养学生识图能力，为接下来的教学创造便利。同时教师还可以制订相关的复习计划，向学生进行展示，学生根据自身的需要进行改进，师生之间进行交流，教师还可以结合中考题型进行讲述，培养学生的解题能力，使学生做到有的放矢。

综上所述，在九年级历史教学中，教师首先应该以激发学生兴趣为前提，打破教材局限，将历史内容进行拓展，活跃课堂气氛。其次教师还可以构建知识网络，对不同国家和地区在同一时间的发展情况进行对比，通过比对教学提出问题，加强学生的理解能力，培养学生知识迁移和思辨能力。最后教师还应带领学生进行复习，讲述技巧制订计划，提高复习效率。

第四节　核心素养下初中历史生本课堂的构建

随着新课改的推进，以生本课堂培育学生核心素养构建教学课程已经是当下教育工作者的主要教学目标。历史是初中阶段的重要学科，它能够引导学生了解我国历史发展和历史进程，进而提升学生的爱国精神和社会责任感。在教学中，教师也要与时俱进，根据学生的实际情况和教学经验来对教学模式进行创新优化，让学生的历史核心素养得到发展和进步，进而提升教学质量。随着我国教育事业的不断发展，教师对学生的培养目标也不仅是知识技能的输送，而是培养和引导学生的各项能力，从而帮助学生不断地完善和进

步，促进学生综合素养提高。所以初中历史教师在进行教学时，也要与时俱进，以学生为教学的中心、创新教学模式和教学理念、培养学生良好的学习习惯和学习能力，提升学生对历史知识学习的积极性。

一、生本课堂的意义

生本课堂的主要概念就是要求教师在教学中积极地改变传统的教学模式和教学理念，以学生为教学的主要中心，让学生成为课堂中的主人。老师只是学生学习过程中的引导者和协助者，引导学生通过课程知识的学习形成一种独立思考的习惯，进而提升学生的思考意识和思考能力。同时教师要给予学生更多自主学习和思考的空间，让学生主动表达自己的主观想法和看法，只有这样才能真正地调动学生的课堂积极性，促进学生的学习主观能动性。初中历史教师通过生本课堂的构建，让学生在学习时能够主动地对课堂知识进行思考，在思考的过程中提升自己的思考能力和对历史文化的兴趣，发现历史的魅力，提升学生的学习历史课程的积极性，为历史课程的学习奠定良好的基础。

二、核心素养下初中历史生本课堂的构建途径

（一）运用情境教学模式，提升学生的积极性

在传统的历史课程教学中，教学模式往往是教师讲、学生听；教师写、学生记。初中阶段的学生年龄较小，对于历史课程中比较枯燥乏味的知识不能提起兴趣，所以传统模式当中的历史教学方式不能满足学生的学习要求。基于此，教师就要积极地改变教育模式，对教学方式进行改革，针对初中学生的年龄特点和兴趣运用情境教学的方法来进行，构建一个以核心素养为背景的初中历史生本课堂，提升学生学习历史知识的积极性。进行历史教学时，教师可以帮助学生建立一个教学情境，让学生分角色进行扮演，这种方式就能让学生很快地融入课堂中来，通过对当时时代的背景、人物的情感进行摸索和融入，进而提出自己的想法和看法，加深对课堂内容的印象。例如，《内战爆发》这节课的教学时，教师就可通过让学生分角色表演的方式来进行教学，首先教师可以找到相关的历史背景资料让学生参考，然后学生通过扮演谈判桌上的较量这一幕，加深对重庆谈判这一重点内容的了解。这种情景教学模式，能够更好地吸引学生的眼球。通过历史背景、角色人物的摸索，教师就能够让学生在思考中提升自己的学习能力，进而提升学习积极性，这更加符合核心素养下的生本课堂构建目标。

（二）利用多媒体技术，提升学生的学习热情

随着科学技术的不断发展和应用，将互联网、多媒体技术运用到教学中已经是大势所趋。初中生对这种多媒体教学的兴趣更大，通过这种方式更能够吸引学生的学习兴趣。历史教师在进行教学时，可以通过视频、图片、歌曲等方式进行课堂教学，这样就能够降低学生学习历史知识的难度，让枯燥的历史知识变得更加形象生动，这有利于学生的理解和吸收。例如，在《中华人民共和国成立》教学时，教师可找到开国大典的视频让学生进行观看，让学生更加直观地感受当时的场景。同时教师还可以提供近年来的阅兵典礼等视频让学生进行观看，加深学生的自豪感和荣誉感，激发学生的爱国情怀，让学生建立社会使命感，进而提升学习历史课程的热情。

（三）分组合作，提高学生的学习效率

在进行初中历史教学时，教师可以让学生采用分组合作的形式来提升参与度和学习效率。这样不仅能够提升学生的积极性，还能够培养学生的主观能动性，为学生学习历史知识奠定基础。教师在进行学生分组时也要根据学生的实际学习情况进行合理分配，让学生之间能够相互促进，分工合作。例如，在《三国鼎立》教学时，教师可以给各个小组分配任务，让小组根据课本内容和相关资料来查找魏、蜀、吴三国成立的经过及主要相关人物的介绍。学生在相关资料查找的过程中，就能够提升学习积极性，进而提高自主学习能力，这对学生成长起到积极的作用。

在核心素养背景下构建初中历史生本课堂，就是要求教师创新教学模式，以学生为教学的中心，培养学生的自主学习能力和学习的热情。教师在教学中，可以通过情景教学模式，利用多媒体技术、分组合作等途径进行历史课程的教学，同时教师也要根据学生的实际情况来进行教学方式的改革，帮助学生提高历史知识的学习质量，为提升学生的综合素质和文化素养保驾护航。

第五节　以创新教学策略构建高效课堂

随着教育改革的深入发展，传统的教学模式已经不能满足当代的教学需求。教师需要创新教学方式，寻找新的教学策略，努力创造出一个高效的历史教学课堂。本书主要对现阶段历史教学中需要加以创新的地方提出合理化的建议，帮助中学历史教师寻找到一个

合适的历史教学方法，从而帮助学生提高学习历史知识的能力，让学生对历史知识有更为深刻的认识，对历史知识的学习更加积极主动。历史是一门文科性质的学科，需要学生大量背诵知识点，而历史知识点大都十分枯燥，很难引起学生的学习兴趣。再加上中学阶段需要学生背诵的知识较多，因此学生会对历史背诵产生厌烦情绪，这不利于历史教学工作的展开。教师需要针对这些问题寻找相应的解决方法，为学生营造高效的历史课堂学习氛围，从而提高教师的教学质量和教学水平，同时提升学生学习历史的积极性，其历史成绩也能得到显著提高。

一、创设情境，激发学生学习兴趣

在传统的历史课教学模式中，通常是教师将主要的知识点讲给学生，让学生画起来课后进行背诵记忆。这种方式会使学生认为历史学科枯燥无味，再加上历史学科涉及的都是过去了很久的事情，学生不愿在历史学科上投入太多的精力。针对这一问题教师可以为学生创设一个情境，将学生带入情境中，让学生充分了解认知历史事件。例如，教师在讲解古代王朝的更替时可以使用多媒体为学生播放有关视频，先引出他们的学习兴趣，让他们对各个王朝之间的更替有一个大概的认识。然后教师可以向学生提出："为什么会出现王朝更替这种现象？这种现象带来的结果是什么？"让学生带着这些问题去阅读课文，寻找出这些问题的答案，由此来激发学生学习历史的兴趣，提高他们的历史学习能力，掌握更多的历史知识，教师的教学水平也能够得到提升，高效课堂的建立会收获意外的效果。

二、开展合作探究，促进学生思维发展

创建高效历史课堂还可以组织学生开展合作交流，通过小组讨论每个人对自己所认知的历史知识进行分享，学生在交流中也能够了解到其他同学的不同理解，促进他们的再次思考，发散个人的思维。这种小组合作交流探究的教学方式也是一种创新性的教学模式，在交流中可以充分提高学生的历史学习能力。例如，教师在讲解英国光荣革命时，可以组织学生在课下收集相应的资料，课上让他们互相讨论交流。在讨论过程中他们对光荣革命的认识都会有进一步深刻的理解，互相取长补短，弥补自己寻找资料的不足，然后让他们自主发言去阐述个人对知识的理解。其他小组成员可以对另外小组成员的回答提出质疑或者进行补充，最后由教师进行总结性概括。学生对这一知识的学习会有更加深刻的印象，从而更好地掌握历史知识。

三、传授记忆方法，总结归纳历史知识

由于课本中的历史知识点相对来说比较分散，教师可以对知识点进行总结，给学生列出大概的框架，让学生自己对知识进行整合，学生根据这个整体性的框架进行记忆会更加轻松。教师不仅要教给学生课本中的历史知识，还要教给学生合适轻松的学习方法，让学生在学习的过程中更加轻松，其历史学习的能力也能够有所增强，教师要让学生不仅学会还要会学。例如，教师在讲解儒家、道家、法家、墨家的文化知识时，可以引导学生对这四家的知识进行总结，然后可以通过表格罗列出每种文化的不同点，让学生进行比较记忆。除了这些文化知识，学生也可以对三次工业革命进行总结，用这种方法记忆会更加轻松，而且能够进行比较记忆，不容易将知识点混淆，从而更好地掌握历史知识，提高历史学习能力。通过这样的方式，学生会体会到历史学习也存在一定的有趣之处。

四、布置习题作业，实现知识迁移应用

教师在布置课后作业时可以提供一些历史材料，让学生通过对资料的分析去寻找出里面涉及的历史知识。这样不仅能够锻炼他们的思维能力，还能够让他们对历史知识有更加深刻的认识，更好地掌握和理解历史知识。例如，教师可以将容易记混的知识点放入一则材料中，让学生在分析材料时会犹豫一下到底折射出的知识点是什么。通过这个犹豫的时间，学生会在脑海中对这两个知识点进行再一次的比较，找出不同的地方，然后确定出真正的知识点。由此，学生对涉及的知识点有了巩固记忆，牢固掌握知识，同时这可以提升教师的教学质量，促使高效课堂的建立。

总之，初中历史教学一定要改变以往传统的教学模式，采用相应的措施促进高效课堂的建立，也让学生在学习历史时能够感到更加有趣更加容易。同时学生的历史思维也能够得到发散，教师的教学水平会得到大幅度提高，教学质量也能够有所提升。高效课堂的建立，对于历史学科的学习是一种切实可行的课堂教学方式，不仅能够高效完成教学任务，还能培养出学生学习历史的兴趣。

第六节　创造性运用教材打造高效课堂

近年来，教育改革对初中历史课程的影响很大。历史课程的教学不再是死板的老师讲学生听，而是更加注重互动性。根据新的教育教学理念，教材也进行了重新编写。如何

创造性地运用初中历史新教材来打造出高效的历史新课堂，成了我们教师目前的首要教学目标。

一、初中历史课堂教学中存在的问题

（一）教学观念"应试化"

在过去的几十年里，历史教学受应试教育思想的影响极深。教材知识条框化、教学只靠念课本、考试之前画重点成了普遍现象。教师对学生的考试成绩和排名过度重视，反而忽略了学生知识掌握情况和素质培养情况。而班级学生的成绩好坏，往往也决定了历史教师的"教学能力"，如此形成一个恶性循环，教师往往急功近利，学生也觉得枯燥乏味，甚至失去对历史科目的兴趣。

（二）教学方法"单一化"

老式的"一言堂"传统教学模式现在仍然占据了大部分初中历史的课堂。虽然我国近年来提出了很多教育改革方法，也推出了很多新式教学手段，现代化技术也逐渐得以推广应用，但究其本质，仍然是以教师为主导，学生只是被动地学习。这样的教学方法缺乏互动性和多样性，过于单一刻板，且忽略了学生在课堂活动中的主体地位。

（三）教材内容解析"模式化"

初中的历史课所涉及的都是基础的、简单的历史知识，能用来考试的内容也仅仅局限于课本。这也就造成了教师在日常教学的内容上过于保守，所进行的教材解析也过于刻板，翻来覆去就是课本上的几页，不能进行有效的拓展和延伸，也不能让学生了解到更多的延伸知识。

二、运用历史新教材打造高效历史新课堂的对策

（一）科学解析教材的重难点

历史知识都有内在的一些联系，在不同的表现形式下，其间蕴含着一些有联系的历史思想方法。教学中，教师应充分利用知识间的密切联系，在知识的相互转化、形成和发

展的过程中凸显其历史作用。历史教材已经进行了重新编写，而作为教师的我们，应该提前对新教材进行精细研读，仔细寻找知识点与知识点之间的联系，充分挖掘其中的重难点知识，再思考如何应用于课堂教学中。例如，欧洲殖民主义者对非洲、拉丁美洲、亚洲等地区的掠夺和侵略，就是建立在新航路的开辟基础之上，发现"新大陆"的同时，也发现了新的资源和地盘。历史就像一条直线，每件历史事件的发生都必然能在同一条线上找到前因和后果。教师讲解此知识点时可以进行科学合理的解析：因为西欧经济得到迅猛发展，欧洲列强的野心已经不满足于欧洲，于是有了新航路的开辟；而新航路的开辟发现了新的地盘、新的文明和新的资源，而且这些文明远远落后于当时的西欧各国。列强们开着战舰、拿着武器开始了殖民扩张，也就有了早期的殖民掠夺。历史教师若是能像这样对教材中的重难点知识进行发掘和联系，则对学生的理解和记忆有很大的帮助，无形之中也提升了课堂的教学效率。

（二）对新教材提供的史料进行科学合理的应用

想要打造高效的历史新课堂，教师不只要在课本教材上做文章，还要对史料进行科学合理的运用。初中的历史知识都较为基础，因为课本教材中的介绍都较为浅显简明，而想要真正打造高效课堂，教师就需要在掌握一定的史料的基础上进行课堂教学。这样不仅有助于学生了解真正的历史，还有利于学生阅读理解能力的培养和历史性思维的发展，帮助学生更好更快地解决历史学习中的问题。比如，在讲到文艺复兴时期时，教师首先可以让学生了解史料：当时的意大利处于城邦林立的状态，各城市都是一个独立或半独立的国家，即城邦，14世纪后各城市逐渐从共和制走向独裁。独裁者耽于享乐，信奉新柏拉图主义，希望摆脱宗教禁欲主义的束缚，大力保护艺术家对世俗生活的描绘；再向学生介绍但丁及其著作《神曲》，但丁的这部著作中蕴含的观念影响到了彼特拉克，从而才有了彼特拉克在意大利首先发起的文艺复兴运动。教师对于关键时期的重点事件和代表人物的史料要重点向学生介绍。学生有了初步的了解后，教师再进行课本内容的深度剖析，结合但丁—彼特拉克—文艺复兴这样的因果关系，引导学生展开对具体历史问题的分析和讨论。这样进行的课堂教学，既对课本内容进行了深度的解读和拓展，又使学生了解到了具体、丰富的史料，不仅拓展了视野，对于课堂效率的提升也有着很大的帮助。

（三）采用丰富多样的课堂教学方式

在新课改建设中，小组式学习正在逐渐推广普及。笔者是十分赞同这种学习方式的。就文科科目而言，小组学习的效率是远远大于自己学习的。此外，初中学习课程繁杂，课堂容量和课后作业量巨大，这无形中给教师增添了很多负担和压力。同时，初中学生普遍存在学习水平参差不齐的现象，老师只能了解到大多数同学存在的普遍性问题。这样一来，就会造成进度超前的同学浪费宝贵的学习时间，进度落后的同学不能得到普遍问题的解答。而成立学习小组，极大地增多了学生与学生之间的互动交流学习，或多或少都可以解决一部分问题。教师再借助一些信息技术教学手段，一定能使课堂的互动性和学习氛围都更加良好。例如，在学习第一次世界大战时，教师可以要求学生分组进行讨论，根据新教材的内容对于第一次世界大战的原因、起止时间、影响及战争结果等进行自主学习并加以总结，并通过多媒体工具向大家展现出来，再以小组为单位进行班级内的交流学习。这样的互动教学对课堂教学是十分有益的。我们应当抛弃单项传输的填鸭式教育和死气沉沉的课堂，秉持"学生才是课堂的主角"的观念，利用丰富多彩的教学手段，让课堂不再僵硬死板，让学生活跃起来，调动起学习积极性和课堂氛围，从而达到更好完成素质教育教学目标的目的。

综上所述，教师要从创新、多元、丰富的角度去认识新教材，将教育改革的新理念应用于实践教学之中，与学生一起打造出高效的历史课堂。

第十一章
初中历史教师专业素养提升

第一节　新课改下的历史教师

新一轮的课程改革改变了传统的教学模式、教学理念及师生关系等，历史教师在课堂教学中的地位发生了根本性的变化。在新课改下，教师不再是知识的灌输者，而是学生主动建构知识意义的帮助者、启发者、引导者。教师只有不断转变自己的教学角色，才能够真正以问题为媒介，改变传统的程式化、填鸭式教学，才能够真正实现持续地教。

一、历史教师面临的新挑战

（一）教学理念的更新要求

新课改以前，教师的教学观念就是指在课堂上传递学科知识，认为历史教育的根本目的就在于帮助学生掌握基本的历史知识与技能。这种价值观是知识本位、学科本位的思想，同时，也是现在大多数教师所持有的主要教学思想。因此，在评价学生的时候，教师的主要依据仍然是学生的考试分数，忽视了学生的整体性与独特性。不仅如此，教师将教材看作是展开教学的唯一标准，没有考虑到学生的主体性。教师从来没有用发展的眼光看待过学生，认为学生是静止的，从未想过挖掘学生的潜能。在知识观上，由于知识具有客观性、普遍性与中立性的特征，所以教师过于强调创设知识，而忽视了对策略性知识的教学，这直接导致了学生的学习方式是以接受式为主的，教师很少考虑让学生主动建构历史知识。这些传统的观念限制了学生的学习空间，使得教、学、生活、社会相分离，不符合现代"一切以人为本"的教学理念。因此，在新课改的背景下，历史教师首先要做的便是更新教学理念，建立新型的教学观念。

（二）重新定位教师角色

新课改要求教师将更多的精力放在培养学生的思维能力、价值观、创新精神与实践能力之上，这促使了教师重新转变自己的角色，也让教师面临的工作难度变得越来越大。虽然现在很多教师都在积极响应新课改的号召，希望能够做好教师角色与教师职能的转变，但仍有一些教师习惯了传统的教师角色，认为自己是传播知识的主要负责人，因而在教学中坚持知识至上的原则，认为知识的数量与学习速度才是评价学生的标准与尺度，比较排斥学生对知识的选择与判断。这些教师常常以长者、权威者自居，认为学生应该无条件地服从自己的管理，忽视了学生的个性差异与独立思考。另外，这些教师认为教科书才是教学的主要内容，他们所采用的主要教学方法也是一些单一的教学方法，并不能有效激发学生的学习兴趣。因此，新课改下的教师一定要重新定位自己的教师角色，重新考虑自己的工作重点。

（三）提升自身的创造能力

新课改指出，历史课程应该是"三级课程"，即除了国家、省区的课程制度以外，各个地区、学校、教师也可以根据具体的需要开设特色课程，课程开发的权力也下放给了教师与学校，所以教师也是开发课程的一个主体，这就对教师的创造力有了更高的要求。但即使新课改给教师留出了更多的权利，他们却并不热衷于开发新的课程，即便有一些校本课程体系，大多数也是学校在原有的基础上稍加变动而成的，并没有体现出创造性。也有一些学校会简单使用其他学校开发的校本课程，丝毫没有体现出本校特色。还有一些校本课程的随意性比较大，并没有进行长期规划。造成这些问题的主要原因便是教师比较缺乏创造力。因此，新课改下的教师一定要具备创造力，如此，才能适应现代历史课程的教学需要。

二、历史教师的发展

一般来说，教师在最初都怀揣着教书育人的梦想，认为自己应该身正为范、学高为师，希望成为能够改变学生一生的教师。但很多教师在正式进入工作岗位以后，会因为各种各样的原因忘记自己最初的理想。那么，新课改下历史教师的理想应该是什么呢？

（一）历史教师的理想

1. 学高为师

为了推进新课改与素质教育的发展，现在的中学历史课程已经呈现出开放性、研究性、选择性、多元性、差异性等多种特征，这就需要历史教师具备丰富的学识。因此，中学历史教师要树立终身学习的观念，在不断学习中更新自身的知识结构，在实践中重视理论学习，在理论学习中重视实践总结与反思，真正成为博学多才的优秀教师。

2. 身正为范

教师一直都是高尚文雅、端庄友善的代名词，是真、善、美的代言人，也是学生成长路上的指路明灯。这些特点决定了一个优秀的教师首先必须是一个品德高尚的人。人们常说的"学高为师，身正为范"就是这个道理。因此，新课改下的中学历史教师必须具备高尚的道德，对自己的职业有着高度的责任感，兢兢业业，用自己的一身正气来影响学生，促使学生养成健康的知、情、意、行。

3. 专家型教师

专家型教师是教师成长的最终方向，其主要特点有：形成教学专长需要一定的教学情境、时间与经验；自主性强；处理课堂突发事件的能力较强；创造力较好；解决问题的方式多样、科学、有效。一般而言，整个教学活动可以分为课前计划、课堂管理与教学、课后评价三个部分，专家型教师在所有的教学环节中都具备高超的预见性与灵活性，并且能够在整个教学过程中贯穿以学生为主的教育理念，会使用灵活、多变的方法来解释一些专业问题，还能够做好新知识与旧知识之间的衔接与应用等。总体来说，专家型教师就是有着成熟的教学动力、人格、教学能力的教师。

（二）历史教师的发展

教师的素质与工作成果可以反映他们的成长。一般来说，我们可以将教师的发展与成长分成四个阶段。

1. 准备期

职业准备期是指历史教师正式从教之前的准备阶段，也就是学习阶段。这个阶段的主要活动就是学习，包括基础教育中的学习与高等教育及职业教育中的专业学习，这对于教师能够成长为什么样的教师有着重要的影响。

2. 适应期

职业适应期是指历史教师在真正走上工作岗位以后，从学习走向教学工作的适应期，他们在这个阶段会具备最基本的教育教学能力与其他的教学素质。这个阶段的主要教学矛盾是教师必须从书本知识走向实际操作，并且要将间接经验转化为直接经验，从而逐步解决实际工作中遇到的问题。只有经过这个阶段的锻炼与成长，教师才能算作是一个合格的教师。

3. 发展期

职业发展期是指历史教师在适应教育工作以后，在教育实践工作中继续锻炼自己的教学能力与素质，并且具备较为熟练的教学技能的阶段。

如果教师经过了这个阶段并达到合格水平，那么他就极有可能成长为骨干教师。

4. 创造期

职业创造期是指教师逐步进入探索与创新的时期，他们会在此过程中形成自己的教学风格与教学见解，只有经过这个时期的探索与研究，他们才有可能成长为专家型教师。

第二节 历史教师专业素养提升途径

一、专业知识

（一）通史与相关历史知识

历史教师应该精通中国通史及世界通史，并且要夯实自己的专业知识。新课改下，历史教师要掌握课程标准中所涉及的主要专题史、地区史、国别史、断代史等。现在的初中、高中历史课程中都涉及了中国通史、世界通史，高中历史课程中还有专题史的内容，如希腊、古罗马、西方政治制度，这就要求教师要具备通史知识与其他相关历史知识。

（二）其他学科知识

历史学科的功能是为了让学生学会使用历史唯物主义的基本原理来分析具体的问题，这就要求教师必须具备一定的政治理论修养，如马克思主义哲学、政治经济学、科学社会主义原理。只有如此,历史教师才能够更加正确地认识历史,才能够更好地教学。

在文科教学中,地理是空间载体,历史是时间载体,政治是价值观载体。因此,教师必须灵活掌握政治、地理等多种学科的知识,这样才能够帮助中学生在学习历史的过程中融会贯通,帮助他们减轻学习负担。

就目前来说,培养学生对史料的解读能力是中学历史教学的一个重要任务。要想做到这一点,历史教师必须能够看懂文言文与现代文的资料,分清这些资料的层次与内容,最大限度地挖掘有效信息,从而为分析与评价做好充足的准备。

白月桥在《历史教学问题探讨》一书中写道:我国新的课程文件《基础教育课程改革纲要》规定,今后中小学的历史教育主要由"历史"或者"历史与社会"学科承担。历史教师要从多个角度与层次来分析历史知识,从多个角度来审视历史,这就需要教师要掌握与历史有关的学科知识,这也是新课改下的教师必须做出努力与改变的重要内容。

(三)历史学与考古学的最新动态

历史科研能力的发展促使了史学界的发展与进步,每一次历史教材的修订都体现了史学的研究成果。但是,由于中学历史教材的编写周期比较长,无法及时反映现代最新的史学研究成果,因此,教师应该及时了解史学科研的最新动态。这不仅可以及时更新自己的知识结构,还可以让学生学到更全面的、更先进的历史知识。

二、史学研究能力

(一)史学研究能力的内容

历史教师与史学家有一些相同之处,他们都需要理解与阅读历史材料、解释历史现象、评价历史人物与事件等。但是,历史教师面临的大多是得以解决的领域问题,一般而言,他们能够通过查询资料解决问题。但是,为了改善历史课堂的教学质量,教师也应该具备一定的历史研究能力。

1. 历史阅读能力

历史学科的阅读材料能够按照不同的标准分成不同的类型。按照知识内容可以分为政治、经济、文化等;按照材料形式可以分为文字材料、地图、表格、实物及历史场景照片等;按文字材料种类可以分为历史课本、历史档案、历史著作等。在这些资料中,阅读与理解是对教师的基本要求，其中阅读能力包括理解历史知识的能力和整理历史知识的能力。

2. 历史阐述能力

阐述历史的方式有口头与书面两种，按照能力高低可以分为复述、描述、解释、比较说明、论述。其中，论述是最高水平的阐述能力，包括论证与叙述，这是由历史学科所具备的"史论结合"的特点决定的，因为论述历史需要逻辑论证与事实证明相互结合。

3. 历史评价能力

评价是指在一定的标准下衡量事物的行为，历史评价能力可以分为鉴别能力、鉴赏能力、评论能力。鉴别能力是指教师判断历史史实真伪的能力，只有具备基本的鉴别能力，教师才能够为学生提供真实的历史史实。鉴赏能力是指人们对艺术形象的感受、理解与评判的过程，是一种建立在真实的基础上的审美标准。历史鉴赏包括历史鉴别与欣赏，其中，欣赏是在个人的生活经验、知识基础、艺术观点等多种因素的影响下产生的个人感受与评价。评价能力是指人们对历史人物、事件等一切历史现象从价值角度所做的认识。

4. 历史思维能力

历史学科的特点要求教师必须学会使用马克思主义的观点来辩证性地认识、分析历史。只有有了历史思维的能力，教师才能够全面地、联系地、发展地分析历史，并且深刻地认识到历史的变迁与发展。

（二）史学研究的途径

1. 全面提高教师的史学理论修养

历史教师要熟悉马克思主义哲学、政治经济学、科学社会主义的理论，并且要熟悉历史唯物主义的各种观点，从而更好地解决评价历史人物、分析历史事件、解读历史运动规律等多种问题。比如，历史教师应该定期阅读《历史研究》《历史档案》《中国史研究》《世界史研究》等有关理论研究的期刊，或参考《历史教学》《中学历史教学》等有关历史教学方面的期刊。

2. 把握史学研究的最新成果与变化

自改革开放以来，我国的史学研究成果层出不穷，尤其是对历史史观、范式等方面的研究有了很大的变化。历史教师应及时把握这些学术成果，将其有机地渗透在自己的教学过程中，并在其中加入一些新观点，介绍一些学术科研成果，从而启迪学生的创新思维，培养学生的"独立之精神，自由之思想"。

3. 具有高尚的历史道德

历史教师应该具备良好的历史道德，要想公正、客观地评价历史，就必须做到"史论结合""论从史出"，最大限度地减少教师的个人情感在历史教学中的渗透，尤其要杜绝在课堂中捏造一些本不存在的史实，要让学生自己判断历史的真相，使其具备实事求是的学习精神与态度。

三、教学能力

历史教学能力包括先进的教育理念、教学能力及教学研究。

（一）先进的教学理念

先进的教学理念是历史教师实现可持续性发展的动力，也是教师的专业发展方向。中学历史教师应该深刻研读《全日制义务教育历史课程标准（实验稿）》与《普通高中历史课程标准（实验稿）》的精神，并且结合具体的教学观念，形成一套科学的、先进的专业理念。具体来说，包括课标意识、课程观、教师观、学生观、教学观和评价观。

1. 课标意识

课标意识是以《全日制义务教育历史课程标准（实验稿）》与《普通高中历史课程标准（实验稿）》为基础的教学思想，它要求教师将知识与能力，过程与方法，情感态度与价值观三方面落实到所有的教学环节之中。

2. 课程观

我国明确规定要试行国家课程、地方课程与学校课程三级课程制度，管理也由国家统管制度走向了国家、地方、学校的分权决策制。这说明教师不必再单纯地依据教材来进行教学，而是要将教材视为一种教学资源与学习工具。教师应该结合本地情况挖掘合理的历史课程资源。

3. 教师观

新课程将过程与方法看作是一个主要的课程教学目标，并且十分强调探究式教学方式。历史教师的角色已经由历史结论的灌输者转变成引导学生体验学习历史的过程、掌握学习方法的启发者与引导者，由知识的权威者转变为教学的参与者及合作者。

4. 学生观

新课程是以素质教育为主的，认为学生是教学活动的主动参与者，教师应该将学生看作是学习的中心，认为学生是独立的、正在成长中的人，他们终将走向独立学习的道路。因此，新课改指出，学生是与教师平等的学习合作者，教师应坚持以生为本，在历史课堂中满足学生的正常需要，关注学生的全面成长。

5. 教学观

新课程要求教师要使用能够发挥学生主体作用的教学方式，以促进学生的创造力与个性发展为主要目标。这就需要教师做出相应的转变：更多关注三维目标的发展与落实；更多关注学生的学；更多注重师生双方的多向互动，让学生亲身经历社会实践、自主探究、合作学习、阅读自学等活动，为学生多留出思考与学习的时间；更多关注学生的学习过程，强调学生的参与度；更多关注灵活多变的教学模式，促进学生的个性发展。

6. 评价观

历史新课程标准明确指出，历史新课程的设计与实施要形成评价学生综合素质的评价体系，全面发挥评价的教育功能。也就是说，历史教学评价要实现多元化，转变过去将升学考试视为唯一评价模式的传统评价体系。而要想建立健全的评价体系，首先必须改变教师对学校的评价，其次改变学校对教师的评价，这样才有可能改善教师对学生的评价。

（二）教学能力及教学研究

1. 了解学情的教学能力

教师要想教好学生，就必须全面了解学生，这直接关系着教学的成功。历史教师应该熟悉学生的历史学习情况、学生获取历史知识的主要途径、他们已经掌握了哪些历史知识、学生的兴趣点及疑难点是什么、学生学习历史的习惯与方法是什么、学生对历史知识的渴求是什么、学生的接受能力怎么样等。只有真正把握了这些问题，教师才有可能了解学生的实际学习需要，掌握他们的身心特点与认知特点。在此基础之上，教师才有可能设计出能够促进学生全面发展与个性发展的历史教学活动。因此，了解学情的基本能力也是每个优秀的历史教师所应必备的基本教学能力。

2. 历史教学设计能力

教学设计是以先进的教学理论为依据，分析教学过程中的各个要素，旨在达到预期目标的系统设计。其中，教案就是一种典型的教学设计的表现形式，但是并不是所有的教学设计都是以教案的形式来展现的,教案也不能全面地反映教学设计。新课改下的教案十分关注理论与实践的结合,强调要运用教学情境与具体的教学手段,这也是实施历史教学活动的主要依据。因此,一个优秀的历史教师也应该有着优秀的教学设计能力。

历史教学设计要体现出新课改的教育理念,并且根据不同的课型来考虑学生的兴趣与需要,必要的时候可以与学生共同设计。在教学设计中,教师要尽可能地囊括各种情况,教学目标也要实用、具体,历史课程也要根据课程标准、历史教材、学生实际等进行综合考虑。一般而言,历史学科中的内容丰富多样,教师要注意统筹规划,使得教学设计充满层次性。

3. 课堂组织能力

课堂组织能力是保证教学活动顺利进行的基本能力。因此,中学历史教师必须善于制订教学计划,发动学生主动学习。在组织教学活动的时候,教师一定要善于启发与诱导,激发学生的学习兴趣,帮助学生集中注意力,并且要具备处理突发事件的能力。在组织管理中,还包括一个重要内容,即引导学生学会学习。教师应该在历史课堂上多为学生留出动手、动脑、动口的时间,让学生自主思考与探索,并且为学生提供尝试与创新的机会。另外,教师必须尊重学生的差异,组织不同的学生展开不同的教学活动,促进共性与个性的协调发展。

4. 课程资源开发能力

历史课程资源包括实现教学目标的多种资源。从资源分布来看,有校内资源与校外资源之分,包括图书馆、博物馆、纪念馆、网络资源、乡土资源、社区资源等;从资源内容上看,有影视资源、文物、遗址等。教师必须具备良好的开发与整合资源的能力,拓宽与加深学生探究的广度与深度,从而不断提升他们的学习效率,使他们在学习中获得较为正面的感受。

5. 历史试题编制能力

一个合格的历史教师也应该是一个合格的命题人。历史试题有着自身独特的地方,任何一次国家大型考试的历史试题都有讲究,思想内涵也很重要。因此,中学历史教师在教学中,还应该时不时地尝试编制试题,提高自身的能力。

6. 多媒体开发制作能力

21世纪是一个知识经济、信息时代,教师必须掌握基本的现代教育信息技术,学会使用计算机及多媒体辅助教学技术,熟练地制作多媒体课件,充分利用一切媒体资料来设计多彩的、生动的、形象的多媒体课件，或者是将一些科技发明、著名案例等以可见的形式展示给学生，从而大大激发学生的学习兴趣，并且使学生具备科学的学习态度。

7. 历史教学教研能力

历史教师要善于总结自己的经验，做好归纳与升华，使这些实践经验逐步达到理论的层面之上。教师要自觉运用与验证教育结论，在大量的实践中总结出科学的教学规律，而这一切都是教师的教研能力的体现。因此，教师要不断改善与创新自身的教学工作，充分发挥自身的聪明才干，以期在历史教育事业中取得更大的进步与做出更大的贡献。

8. 历史教学反思能力

反思性教学来自教师的教学实践之中，有利于促进教师不断更新自身的教学观念，改善他们的教学行为，不断提高教师教学的自主性与目的性，还能够促进教师专业能力的发展。教师应该从多个角度审视教学反思，最好是以文字进行记录，以便后续查证。教学日记、教学叙事、教学小论文等是比较常见的教学反思的形式。教师的反思性直接决定着他的教学水平，在现代的教育中，反思性教学发挥着重大作用。

参考文献

[1] 陈光裕, 薛伟强. 历史学科知识与教学能力 [M]. 北京：北京师范大学出版社, 2020.

[2] 陈淑华. 新课改视域下初中历史教学探究 [M]. 长春：吉林人民出版社, 2021.

[3] 陈泽群, 朱命有. 跨领域初中历史教学 [M]. 长春：东北师范大学出版社, 2020.

[4] 陈智, 张文华, 谢亚双. 新课改后的教学方法应用探讨 [M]. 长春：吉林人民出版社, 2021.

[5] 凤光宇, 徐洁. 学生发展核心素养视野下初中历史教学实践研究 [M]. 上海：上海教育出版社, 2020.

[6] 付国庆. 高效课堂实战指南 [M]. 西安：陕西师范大学出版总社, 2020.

[7] 郭杜宁, 毛锐. 初中历史教学实践与探索 [M]. 广州：广东高等教育出版社, 2022.

[8] 韩和明. 苏霍姆林斯基的教学方法与艺术 [M]. 太原：山西人民出版社, 2020.

[9] 赖海波. 核心素养引领下的初中历史课堂教学创新研究与实践 [M]. 长春：吉林人民出版社, 2020.

[10] 李广耀. 让教学成为一种研究 [M]. 苏州：苏州大学出版社, 2019.

[11] 李睿主. 高效课堂之道 [M]. 成都：四川大学出版社, 2020.

[12] 林唯. 中学历史教育与博物馆 [M]. 上海：东方出版中心有限公司, 2021.

[13] 刘海洋, 张晓霞. 中学历史教学论丛 [M]. 长春：吉林人民出版社, 2021.

[14] 刘宏法, 朱启胜, 王昌成. 基于核心素养的中学历史教学探索 [M]. 芜湖：安徽师范大学出版社, 2022.

[15] 米峰. 初中历史教学模式创新与转型 [M]. 长春：吉林文史出版社, 2021.

[16] 孙建柱, 陈娇, 高赟. 教育理论与教学方法 [M]. 天津：天津科学技术出版社, 2020.

[17] 童顺平, 黄华明. 初中教师专业发展研究 [M]. 芜湖：安徽师范大学出版社, 2022.

[18] 王继平. 中学历史核心素养主题教学示例集萃 [M]. 天津：天津古籍出版社, 2021.

[19] 徐赐成.中学历史教学案例研究[M].西安：陕西师范大学出版总社有限公司，2021.

[20] 张文.初中历史学习方法指导[M].长春：吉林人民出版社，2020.

[21] 张祖安.初中历史口诀巧解[M].北京：光明日报出版社，2020.

[22] 赵亚夫.理解历史认识自我：中学历史教育研究[M].北京：光明日报出版社，2020.